集刊

集人文社科之思　刊专业学术之声

集 刊 名：三峡文化研究
主办单位：三峡文化与经济社会发展研究中心
湖北省三峡文化研究会

The Research on Three Gorges Culture (VOL. 15)

三峡文化研究（第15辑）
集刊序列号：PIJ-2019-402
中国集刊网：www.jikan.com.cn
集刊投约稿平台：www.iedol.cn

三峡文化与经济社会发展研究中心
湖 北 省 三 峡 文 化 研 究 会 主办

三峡文化研究

THE RESEARCH ON THREE GORGES CULTURE (VOL. 15)

第15辑

社会科学文献出版社
SOCIAL SCIENCES ACADEMIC PRESS (CHINA)

《三峡文化研究》第15辑
第001~006页

古代三峡和荆襄地区长江与汉水关系的演变

赵 逵 张晓莉*

摘 要：三峡和荆襄地区自古便是我国经济、文化、军事的战略要地，在我国历史中占有重要的地位，留下了浓墨重彩的一笔。本文通过对历史记载及相关文献的解读，梳理出古代三峡和荆襄地区长江与汉水交汇的变化，并以此为依托，窥探荆襄地区历史文化的演变。

关键词：三峡和荆襄地区 长江 汉水

三峡和荆襄地区位于湖北省西部和中部平原，是我国古代兵家必争、经济文化繁荣之地。其历史虽由众多人物和事件组成，但其基础却由长江与汉水交汇的自然环境奠定。自西向东的长江，使三峡和荆襄地区上可入蜀下可达吴，自南向北的汉水，又让三峡和荆襄地区北可上山陕，南可下江南。如此优越的地理位置，使三峡和荆襄地区在我国历史中占有重要的地位，留下了浓墨重彩的一笔。

但从古至今，随着人类的活动，环境的改变，长江和汉水的交汇未曾停止过变动，此从历代历史地图以及相关历史文献中均可分析一二。近代以来，学术界对汉水入江口的研究和论述层出不穷，却未有定论。本文将立足

* 赵逵，华中科技大学城市规划学院教授，主要研究方向为传统建筑与遗产保护、生态建筑与地域建筑；张晓莉，华中科技大学城市规划学院博士，主要研究方向为建筑历史与理论。

于多幅明清历史地图和相关文学作品，分析三峡和荆襄地区长江与汉水交汇的历史演变。

一 古代三峡长江与荆襄地区关系的演变

三峡长江与荆襄地区云梦泽存在密切的联系。多项地质研究证明，远古时期，四川盆地是一个庞大的“地中海”，我们的祖先，经由一连串浮于海面的山脉（实为今天一系列山脉的山脊），走向东西南北，达于九州。后由于地质变化，东部大海退却，成为一片湖沼，而西面四川盆地的内海因为三峡拥堵，数百万年间东出之路时有不通，直至大禹治水，疏通三峡后，四川盆地“内海”之水才得以东流。据古史记载，大禹从江州东下疏浚三峡，禹先是“决巫山，令江水得东过”，后又凿宽瞿塘峡“以通江”，又开西陵峡内的“断江峡口”。《蜀王本纪》记载：“望帝以鳖灵为相。时玉山出水，若尧之洪水。望帝不能治，使鳖灵决玉山，民得安处……（望帝）自以德薄不如鳖灵，乃委国授之而去，如尧之禅舜。鳖灵即位，号曰开明帝。”①

三峡凿通后，长江东流一泻千里，形成了历史上著名的“云梦大泽”，而“云梦泽”的形成也造就了长江与汉水错综复杂的交汇。

二 古代荆襄地区长江与汉水关系的演变

“云梦泽”所属的荆襄地区，战国时曾隶属于楚国，且楚国国都——郢城曾设于今荆州市西北纪南镇附近。根据考古发掘可知，郢都城池四周的护城河、城内垂直路网至今可见，而且从高空俯瞰，由护城河和城垣勾勒出的古城轮廓也清晰可辨。由于国都设置于此，为发展国力，便于运输，楚人在荆州与汉水之间利用天然河道——扬水，人工疏通开凿了两沙运河。关于两沙运河，历史文献中多有记载，其中最为清晰的当属清代杨守敬先生的《水经注图》。杨先生在此书中，清晰绘制出了扬水与长江、荆州、汉水、

① 冯梦龙评纂《太平广记钞》下册，团结出版社，1996，第831页。

郢城的位置关系。扬水位于荆州西侧、郢城南边，河道汇集了巾水、夏扬水、离湖、东赤湖、女官湖等水系，整体呈东西走向，其与汉水交汇口为扬口（一说在今沙杨县附近，一说在今潜江泽口附近），与长江交汇口为夏首（今沙市南）。① 此河为战国时期长江与汉水的主要连接，亦是当时云梦泽中最为繁忙的交通线路。

到了北魏时期荆襄地区长江与汉水的交汇处实则并不单一。据《水经注·江水》记载，江水"又南过江陵县（古荆州）南。县北有洲，号曰枚回洲，江水自此两分而为南、北江也……北对大岸，谓之江津口，故洲亦取名焉。江大自此始也。《家语》曰：江水至江津，非方舟避风，不可涉也，故郭景纯云：济江津以起涨，言其深广也"②。可知，北魏时期，荆襄地区的长江江面比之今天要更为宽阔，且根据《水经注》中荆襄地区长江流域各地的地名多用洲、矶、口等可知，江中沙洲甚多。根据《水经注·江水》"大江又东，左合子夏口。江水左迤北出，通于夏水，故曰子夏也"③和《水经注·沔水》"（沔水）又东南过江夏云杜县东，夏水从西来注之"④ 两处记载分析，此时长江与汉水经由夏水相通，汉水亦可经由夏水段入江。

又根据《水经注·江水》记载："江水左得湖口，水通太白湖，又东合滠口，水上承涢水于安陆县而东径滠阳县北，东流注于江。"⑤ 由此可见，长江与太白湖在此相通，而《水经注·沔水》记载："沔水（汉水）又东径沌水口，水南通县之太白湖，湖水东南通江，又谓之沌口。"⑥ 可知，太白湖北又与汉水连通，汉江之水可直接经由太白湖入江。不仅如此，《水经注·沔水》记载："沔水又东得浐口，其水承大浐、马骨诸湖水，周三四百里，及其夏水来同，渺若沧海，洪潭巨浪，萦连江沔。"⑦ 汉水与长江又经

① 李勇先、高志刚主编《水经注珍稀文献集成》（第三辑），巴蜀书社，2017，第459页。

② （北魏）郦道元：《水经注》，巴蜀书社，1985，第536～538页。

③ （北魏）郦道元：《水经注》，第539页。

④ 陈桥驿校证《水经注校证》，中华书局，2019，第644页。

⑤ （北魏）郦道元：《水经注》，第542页。

⑥ （北魏）郦道元：《水经注》，第470页。

⑦ （北魏）郦道元：《水经注》，第469页。

由大浐、马骨诸湖水连接。

江水继续东流至江夏沙羡县（今武昌区），与汉水主河道之水交汇，如《水经注·沔水》记载："又南至江夏沙羡县北，南入于江。"①

由以上分析可知，长江与汉水常年的交汇至少有三处。而根据《水经注·沔水》中"春夏水盛，则南通大江，否则南迄江堤，北径方城西"② 可知，当时汉水与长江的交汇实则有多处，只是根据水位的变化而变化。

随着时间的推移，自然环境的改变，以及河道管理、治水技术的发展，到明清时期，荆襄地区长江与汉水交汇发生了较大的变化。且自明代起，随着传教士的到来，西方绘制科学地图的技术传至我国，大量有关我国全域或局部的地图被绘制，且保存至今。这些明清历史地图能较为准确且直观地反映当时荆襄地区长江与汉水的交汇情况。

长江与汉水的交汇处多年来一直饱受洪水的困扰，自明代起，封建政府为改善汉水的通航以及长江与汉水交汇处的生产，对荆襄地区水环境进行了长期的治理，修建了多个闸口，严格控制了河流的走向以及两条河道的交汇。正因如此，原本北魏长江与汉水的多个交汇口逐渐断流、废弃，而随着交汇口的废弃，原本汉水通江的河道也慢慢淤塞，成为陆地，汉水至此仅能从今汉口处入江，此由荆襄地区各聚落的兴衰便可知其一二。

从明初至清末，长江与汉水由原来的多处交汇口逐渐合并为一处，并一直延续至今。由前文分析可知，北魏时期长江与汉水的交汇口众多，但从明代早期地图《混一疆理历代国都之图》中可见，此时汉水入长江交汇口仅保留了两处。一处汉水由安路府（今钟祥市）南下，经潜江东侧，过沔阳府（今仙桃市）西，汇入与长江交汇的洞庭湖水泽；另一处由沔阳府西南向东北转向，由汉阳（今汉阳区）东侧入江。③ 又因荆襄地区地势低洼，水系众多，加之古代河道治理能力有限，常有洪水泛滥，故长江与汉水的交汇口亦不断变化。如明崇祯年间重刻的《大明九边万国人迹路程全图》中，

① （北魏）郦道元：《水经注》，第470页。

② 陈桥驿校证《水经注校证》，第642页。

③ （明）朝鲜人绘制《混一疆理历代国都之图》，日本龙谷大学图书馆馆藏版，http://www.afc.ryukoku.ac.jp/kicho/cont_13/pages/1390/1390.html。

长江与汉水在潜江南侧交汇并流向东，至沔阳西侧分开，后长江向南经洞庭北上，而汉水则向东流与长江于汉阳府（今汉阳区）东侧再次交汇。① 此时已与明初河道布局不同，在明初《混一疆理历代国都之图》中，汉水于沔阳府西南侧汇入，并于沔阳府南侧东流，于汉阳与长江再次交汇，而在明末重刻的《大明九边万国人迹路程全图》中，汉水则由潜江东南侧汇入，又流经沔阳府北侧，于汉阳与长江再次交汇。至此，汉水与长江的交汇口仍处于变化之中。发展至清中期，《混一疆理历代国都之图》中潜江与沔阳之间并行河段已不存在，由乾隆年间的《两淮盐场及四省行盐图》中可知，此时汉水与长江在沔阳州（今仙桃市）处河道已分开，长江于沔阳州南侧流过，汉水河道则位于沔阳州北侧，两河道仅于汉阳府（今汉阳区）东侧交汇。② 至清朝晚期，长江、汉水河道基本固定，与今分布无异，其汇口仅有今汉口西侧一处，此由同治元年的《鄂省全图》可见。③ 且此图还清晰绘制了荆襄地区汉水与长江之间的河道分布。自沙洋县向南，汉水多条支流与长江相通，依稀可见北魏《水经注》记载的印迹，但又与北魏时期不尽相同。清末，汉水支流入江口实则都已修筑闸口，进行人为控制。如道光年间的《长江图》所示，长江沿岸，汉水较大支流入长江的交汇口均设有闸口，从东向西依次建为新堤闸、龙王闸、螺山闸。④

荆襄地区河道的改变亦是聚落兴衰的变迁。明代以前，长江与汉水在荆州至武汉段漫流交汇，不利于停靠，因而荆州成为当时荆襄地区的集散中心，但随着河道的治理，漫流之态得以改变，汉水主航道的通行能力得到了保证，加之汉水支流淤积，因而荆州逐渐衰退，由汉水与长江交汇口东侧的汉口镇取而代之。

---

① （明）王君甫等人重刻《大明九边万国人迹路程全图》，日本早稻田大学图书馆馆藏版，https：//wenku. baidu. com/view/2162e866f5335a8102d2204b. html。

② （清）佚名：《两淮盐场及四省行盐图》，美国国会图书馆馆藏版，https：//digitalatlas. asdc. sinica. edu. tw/map_ detail. jsp? id = A103000035。

③ （清）严树森绘制《鄂省全图》，美国国会图书馆馆藏版，https：//digitalatlas. asdc. sinica. edu. tw/map_ detail. jsp? id = A103000010。

④ （清）佚名：《长江图》，美国国会图书馆馆藏版，https：//digitalatlas. asdc. sinica. edu. tw/map_ detail. jsp? id = A103000125。

三　文学作品中呈现的长江与汉水

荆襄地区长江与汉水的交汇以及河道分布，不仅在历代地图中有记载，古代文学作品中对其的记载亦不胜枚举。由于三峡和荆襄地区特殊的地理位置，自古以来，乱世是兵家必争之地，盛世是文人墨客汇聚之所，故留下了众多华美的篇章。如唐代诗人孟浩然的“气蒸云梦泽，波撼岳阳城”，李白的“山随平野尽，江入大荒流”，杜审言的“楚山横地出，汉水接天回”，等等。从诗句中可见，在唐代荆襄地区长江与汉水交汇之地仍是一大片水泽之态，亦与《水经注》中描写的一致。

四　结语

本文通过历史记载以及各类文学作品，浅析了三峡和荆襄地区长江与汉水交汇处在不同时期的分布情况。长江与汉水的交汇处从古至今未曾停止变动，而这一变迁直接影响着我国中部地区的聚落兴衰和经济文化发展，因而官方与民间学者对其都极为关注，相关记载更是不胜枚举。无论是以文字形式的记载，还是以地图形式的描绘，都有大量遗存，为我们今天对三峡和荆襄地区长江与汉水交汇的研究提供了大量史料依据，亦为后续对长江与汉水交汇区域内聚落的研究奠定了基础。

《三峡文化研究》第 15 辑
第 007～043 页

峡江“蛮汉”分界线盘古（瓠）和“神龙”文化探讨*

黄权生　陈文倩**

摘　要：盘古神话和盘瓠神话都是创世神话，鄂西《黑暗传》和夷陵《盘古传》都含有盘古和盘瓠神话；盘古神话与《道德经》有一定的渊源，盘古神话之“生”来自天地之“道”，盘古神话之“死”为世界“生”之“始”。盘瓠文化源于“南方”民族，自古“苗蛮”为军，在朝廷眼里皆为朝廷之“鹰犬”，而峡江自古是“蛮汉”地理边界，“盘瓠为犬”则是盘瓠神话的“蛮汉”政治和文化边界的体现。但盘古和盘瓠文化在峡江交融，在《黑暗传》和《盘古传》中，盘古夫妻与伏羲女娲夫妻都是“神龙”。峡江是盘古和盘瓠文化保存和传承最为集中地域之一，“神龙架”或神龙山与神农氏无涉，指的是盘古、伏羲和女娲混合的“神龙”，峡江“神龙”文化也是盘古和盘瓠文化交融的结果。峡江“神农”为“神龙”之讹，对“神农架”之名当重新认识。峡江“神龙”地名，是理解峡江多盘古（盘瓠）地名的一把钥匙。

关键词：峡江　“蛮汉”分界线　盘古　盘瓠　神龙

---

* 本文为国家社科基金项目“宋元以来武陵山地人口外迁与文化交融史研究”（18BZS060）的阶段性研究成果。

** 黄权生（1977～），三峡大学水文化研究所副主任，副教授，主要研究方向为三峡和西南历史地理；陈文倩（1991～），三峡大学文学与传媒学院硕士研究生，主要研究方向为文艺美学。

盘古研究成果非常丰富，2017 年 11 月 6 日 9 点在中国知网检索，检索条件“标题 = 盘古并且文献类型 = 期刊文献”共有 809 条记录；检索条件“摘要 = 盘古并且文献类型 = 期刊文献”共 3213 条记录。与盘古相关的盘瓠研究成果也不少。检索条件“标题 = 盘瓠并且文献类型 = 期刊文献”共 212 条记录；检索条件“摘要 = 盘瓠并且文献类型 = 期刊文献”共 454 条记录。对研究一种神话而言，直接研究盘古和盘瓠的研究文章超过 1000 篇，涉及盘古和盘瓠的研究文章超过 3600 篇，这在中国神话研究中是比较罕见的。其中，盘古研究最重要的研究成果有闻一多的《神话研究》、茅盾的《神话研究》和《中国神话研究初探》、袁珂的《中国神话史》等论著。在研究盘古和盘瓠的过程中，发现了一些新的文献和盘古文化遗址。

三峡（以神农架为中心）发现了与盘古相关的史诗《黑暗传》，宜昌夷陵的《盘古传》有 8 章 800 行。目前也兴起了研究小高潮，检索条件“标题 = 黑暗传并且文献类型 = 期刊文献”共 46 条记录。两部史诗是民间流传的盘古文化，是寄生在鄂西、渝东等地丧歌文化中的神话史诗。袁珂的《中国神话史》指出：“广义神话的中心思想，就是认为不仅最初产生神话的原始社会有神话，就是进入阶级社会以后的各个历史时期也有神话。旧有的神话在发展，在演变，新的神话也随着历史的进展在不断地产生。直到今天，旧的神话没有消失，新的神话还在产生。”① 事实上，鄂西《黑暗传》和宜昌夷陵《盘古传》是鲜活地传承的神话史诗。

刘守华的《夷陵盘古文化的珍贵价值》一文指出：“盘古庙、盘古歌、对盘古的信仰等在国内其他地方并不罕见，而宜昌市夷陵区将它们串接在一起，交叉重合，民众对盘古的信仰怀念如此浓烈，神人之间的对话交流还如此鲜活，不能不使人震憾。”② 夷陵区盘古遗址和地名甚多，共有 6 处盘古庙，现已考证，夷陵境内建有 6 座盘古庙，分别是太平溪古村坪盘古庙、雾渡河盘古山盘古庙、黄花香炉山盘古庙、黄花青树垭盘古庙、樟村坪店子坪盘古庙、邓村古城坪盘古庙。夷陵区周边有盘古峰、盘古根、盘古顶、盘古

---

① 袁珂：《中国神话史》，重庆出版社，2007，第 1 页。

② 刘守华：《夷陵盘古文化的珍贵价值》，《三峡论坛》2019 年第 1 期。

山、盘古小学等地名。[1] 由此可见，峡江盘古文化非常丰富，对峡江的盘古文化应当重新认识和思考。

一 “盘古”文献（化）索源

（一）盘古神话之“生”来自天地之“道”

本文所探讨的盘古、盘瓠，不见先秦文献，但盘古等神话显然吸收了先秦的文化元素，而其文献则是主要来自老子《道德经》。盘古神话思考的是万物之源的根本性问题，是古人无法理解世界时对世界的一种朴素的哲学思考，该神话带有明显的哲学思辨思想。故袁珂《中国神话史》指出：“神话是原始先民思想意识的总汇，它不仅有着属于文学艺术方面的审美的东西，还有着属于宗教崇拜的、哲学思辨的……其他多方面的东西。”[2] 三国吴人徐整《三五历纪》整理盘古神话显然受到了老子《道德经》潜移默化的影响。

盘古神话具体出现在三国的吴地，先看看盘古神话的文献描述。如唐欧阳询撰《艺文类聚》卷一引三国吴人徐整《三五历纪》记载：

> 天地浑沌如鸡子，盘古生其中。万八千岁，天地开辟，阳清为天，阴浊为地。盘古在其中，一日九变，神于天，圣于地。天日高一丈，地日厚一丈，盘古日长一丈，如此万八千岁。天数极高，地数极深，盘古极长。后乃有三皇（按：天、地、人谓之三皇）。数起于一，立于三，成于五，盛于七，处于九，故天去地九万里。[3]

① 杨建章：《盘古庙与盘古文化》，中国人民政治协商会议宜昌市夷陵区委员会文史资料委员会编《夷陵国宝》，中国文史出版社，2009，第85~90页。

② 袁珂：《中国神话史》，第4页。

③ （唐）欧阳询撰、汪绍楹校《艺文类聚》卷一《天部·天》，上海古籍出版社，1982，第2~3页。

徐整《三五历纪》一书已散佚，其内容传世，经多类书引用，其中，南朝梁任昉《述异记》和唐朝的《艺文类聚》以及宋代《太平御览》都进行了引用。由于唐朝的《艺文类聚》流播广泛，故《艺文类聚》所引徐整《三五历纪》成为研究盘古最重要的文献。唐欧阳询撰《艺文类聚》所描述的是盘古开天辟地，可谓描写盘古的“生”，是典型的创世纪神话。茅盾指出，徐整《三五历纪》“大概是更近于南方民族的开辟神话的本来面目；然最后一句‘后乃有三皇’大概是徐整所加添的”[①]。徐整《三五历纪》整理盘古神话，显然添加和借鉴了已有的文化以及传世的哲学思想，而三国徐整《三五历纪》盘古神话则借鉴了道家《道德经》的思想。也就是说，三国吴人徐整《三五历纪》收集整理的盘古神话传说的哲学思想根源来自道家老子的《道德经》，或者是受到《道德经》的影响。老子《道德经》第四十二章指出：

> 道生一，一生二，二生三，三生万物。万物负阴而抱阳，冲气以为和。[②]

这里《道德经》的“道生一，一生二，二生三，三生万物”显然影响了徐整《三五历纪》的“数起于一，立于三，成于五，盛于七，处于九，故天去地九万里”。而徐整《三五历纪》“天地开辟，阳清为天，阴浊为地”的思想显然来源于《道德经》的“万物负阴而抱阳，冲气以为和”的思想。老子《道德经》第二十五章指出：

> 有物混成，先天地生……周行而不殆，可以为天下母。[③]

徐整《三五历纪》“天地浑沌如鸡子，盘古生其中”的文化溯源显然是

① 茅盾撰《中国神话研究初探》，上海古籍出版社，2011，第35页。

② （魏）王弼注、楼宇烈校释《老子道德经注》，中华书局，2011，第120页。

③ （魏）王弼注、楼宇烈校释《老子道德经注》，第65页。

《道德经》的“有物混成，先天地生”。《道德经》“周行而不殆，可以为天下母”之思想影响到了徐整《三五历纪》的“盘古在其中，一日九变，神于天，圣于地。天日高一丈，地日厚一丈，盘古日长一丈，如此万八千岁。天数极高，地数极深，盘古极长”。《三五历纪》借用老子的“周行不殆”赋予神人盘古，成为天下之母。而盘古的身体变化莫测，正契合了老子《道德经》第一章开篇所指出的思想。如老子《道德经》第一章记载：

> 道可道也，非恒道也。名可名也，非恒名也。无名，万物之始也；有名，万物之母也……两者同出，异名同谓。玄之又玄，众妙之门。[①]

盘古生活在一枚混沌如鸡子的环境中，是无法描述的形象，是无名的状态。盘古氏混沌得难以有具体的形象，这与老子的“无名，万物之始”十分接近。正是因为有老子“有物混成，先天地生”，才会有徐整的“后乃有三皇”有名的具体人物形象，也才会达到“有名，万物之母”的结果。混沌和“玄”意义也相类。总之，就盘古神话文化思想产生的源头而言，老子《道德经》是主要源头之一。

在这里我们不否认三国的盘古神话借鉴了如《山海经》《庄子》《尚书》《周易》《管子》等上古先秦和春秋战国的原典，但是《三五历纪》盘古神话作为创世纪神话，是民间对自然界朴素的认识和思考，可谓“俗”文化或“俗”哲学，而《道德经》为思辨的社会上层人类对自然界的理解，是“雅”文化或“雅”哲学。

例如《管子·心术上》指出：“道在天地之间也，其大无外，其小无内。所谓大无不苞，细无不入也。故曰不远而难极也。”[②] 这些思想明明显有朴素的哲学空间观，即空间有其无限性，也有其有限性。这显然是受

① （魏）王弼注、楼宇烈校释《老子道德经注》，第2页。

② 黎翔凤撰、梁运华整理《管子校注》卷十三《心术上第三十六》，中华书局，2004，第767页。

《道德经》的影响，但也能解读出部分《三五历纪》记载的天地混沌如鸡子的文化。又如《庄子》关于“道”的记载如下：

> 天地虽大，其化均也；万物虽多，其治一也；人卒虽众，其主君也。君原于德而成于天，故曰：玄古之君天下，无为也，天德而已矣。以道观言，而天下之君正；以道观分，而君臣之义明；以道观能，而天下之官治；以道泛观，而万物之应备。故通于天者，德也；行于万物者，道也。……夫道，覆载万物者也，洋洋乎大哉！①

《庄子》思想根源也是来自《老子》，是其流播发展的结果。而《庄子》指出：“天地虽大，其化均也……行于万物者，道也……夫道，覆载万物者也。”但《庄子》和《老子》的“道”，正如老子自己所说“玄之又玄”，太抽象和玄妙，是难以企及和进入的“玄妙之门”，不适于用以理解世界的本原、人间万物从哪里来，因为民间难以理解和将其具象化，这也是具象化的《三五历纪》盘古神话诞生的原因。

应劭《风俗通义·序》释“俗者”：“含血之类，像之而生，故言语歌讴异声，鼓舞动作殊形，或直或邪，或善或淫也。圣人作而均齐之，咸归于正；圣人废，则还其本俗。”② 对于流传民间的盘古文化，就是“言语歌讴异声”，是“或直或邪，或善或淫”的民间表达。《道德经》则是对民风民俗“圣人作而均齐之，咸归于正”的体现。但事实上“圣人废，则还其本俗”，当春秋战国之后，到了军阀混战的三国，民间流传的创世纪神话盘古神话被吴人整理成《三五历纪》。《道德经》高雅深奥、难以理解，反使“或直或邪，或善或淫”的民间文化大行其道。盘古成为中国喜闻乐见的认识天地和人间世界的重要“知识”或“常识”。当然后来人们对盘古神话进行衍化，让其更加形象具体。如明《开辟衍绎》第一回“盘古氏开天辟地”记载：

---

① 方勇译注《庄子》，中华书局，2010，第177~178页。

② （东汉）应劭撰、王利器校注《应劭自序》，《风俗通义校注》，中华书局，2011，第8页。

（盘古）将身一伸，天即渐高，地便坠下。而天地更有相连者，左手执凿，右手持斧，或用斧劈，或以凿开。自是神力，久而天地乃分。二气升降，清者上为天，浊者下为地，自是混茫开矣。[①]

此时盘古被赋予了神体、神力、神斧，在盘古的神力和神斧的作用下，天地分离，混沌大开。古人的想象力是无穷的，对盘古的神体、神力、神斧，古人给予了更加详细的衍化和完善。明《开辟衍绎》附录《乩仙天地判说》记载：

天地合闭……就象个大西瓜，合得团团圆圆的，包罗万物在内，计一万零八百年，凡一切诸物，皆溶化其中矣。止有金木水火土五者混于其内，硬者如瓜子，软者如瓜瓤，内有青黄赤白黑五色，亦溶化其中。合闭已久，若不得开，却得一个盘古氏，左手执凿，右手执斧，犹如剖瓜相似，辟为两半。上半渐高为天，含青黄赤白黑，为五色祥云；下半渐低为地，亦含青黄赤白黑，为五色石泥。硬者带去上天，人观之为星，地下为石，星石总是一物，若不信，今有星落地下，若人掘而观之，皆同地下之石。然天下亦有泉水，泉水无积处，流来人间，而注大海。[②]

显然在这里，《开辟衍绎》附录是对《开辟衍绎》第一回“盘古氏开天辟地”的大胆创造，其对盘古的衍化和完善达到了具体形象，色彩俱全，过程清晰，更符合人们生活的常识。今天全国各地的盘古神话，版本各异，都是以抽象的老子《道德经》之“道”，经过徐整《三五历纪》的整理衍化和丰富而来的。但源在道家《道德经》，徐整《三五历纪》则为其流，而如《开辟衍绎》等文献则是其支流罢了。盘古创世纪神话在鄂西尤其神农架地区有流传，其内容和徐整《三五历纪》具有相似性。如《黑暗传》总

① 袁珂、周明编《中国神话资料萃编》，四川省社会科学院出版社，1985，第8页。

② 袁珂、周明编《中国神话资料萃编》，第8~9页。

结道：

> 盘古分了天和地，又有天皇出世根。盘古得知天皇出，有了天皇治乾坤。盘古隐匿而不见，浑身配与天地形。头配五岳巍巍相，目配日月晃晃明，毫毛配着草木枝枝秀，又按日月照天地。天皇出世分昼夜，又分天干与地支。上定天盘星有序，下受乾坤有地理。地皇接住管九州，才有人烟子孙兴。人皇出世人分群，才分礼仪与人伦。①

《黑暗传》除对徐整《三五历纪》有继承外，还借鉴了其他流传的文献。相较于历史文化文献，《黑暗传》更加生动，加之其是在人口聚集的场所传唱，也有利于盘古神话的传承。茅盾指出："原始人的思想虽然简单，却喜欢去攻击那些巨大的问题，例如天地缘何而始，人类从何而来，天地之外有何物，等等。他们对于这些问题的答案便是天地开辟的神话，便是他们的原始的哲学，他们的宇宙观。"② 盘古神话就是回答天地缘何而始，人类从何而来的天地开辟的神话，也是古人原始的哲学和宇宙观。这种原始的哲学和宇宙观必然会受到当时流传的哲学思想潜移默化的影响，而到三国整理盘古神话的徐整，其著作《三五历纪》便深深打上了道家老子《道德经》的哲学和宇宙观。

（二）盘古神话之"死"为世界"生"之"始"

老子《道德经》试图建立一个囊括宇宙万物的宏观理论。创世纪和人类起源自然包括其中。一切事物相互对立，但也互相转化，尤其是"阴阳转化"。一般解释"道"即事物的规律，笔者认为"道"除了包括事物的规律，还包括事物的本身以及产生事物的过程。这些都是"道"，是万物之始，亦是万物之源。其"物"指的是物质，也涵盖了主观的精神等客观存在。故《韩非子·主道》指出："道者，万物之始，是非之纪也。是以明君

① 胡崇峻搜集整理《黑暗传》，长江文艺出版社，2002，第122~123页。

② 茅盾撰《中国神话研究初探》，第34页。

守始以知万物之源，治纪以知善败之端。”[①]

老子《道德经》所说的“道”，确实是一种“玄之又玄”的具有主观性又具有客观性的一种存在。“道”是一种先于客观物质而存在的主观精神存在，“道”也是创世纪，即产生天地万物的总根源，“道”还是徐整《三五历纪》具象化的“混沌”之“道”，其具象化的就是创世纪的“盘古”。而盘古是产生天地万物的总根源，在三国吴人徐整眼里，盘古就是老子所描绘的“道”。王弼注《老子道德经注》第一章开篇曰：

> 无名，天地之始；有名，万物之母。凡有皆始于无，故未形、无名之时，则为万物之始。……万物以始以成而不知其所以，玄之又玄也。故常无欲，以观其妙；妙者，微之极也。万物始于微而后成，始于无而后生。故常无欲空虚，可以观其始物之妙。……两者同出而异名，同谓之玄，玄之又玄，众妙之门。两者，始与母也。同出者，同出于玄也。异名，所施不可同也。在首则谓之始，在终则谓之母。玄者，冥也，默然无有也。始，母之所出也。[②]

在中华神话体系中盘古是“万物之始”，但对盘古这个创世纪神话的产生，确实是“万物以始以成而不知其所以然”，古人无法解释，今人无法理解，其神话故事的产生和流播的原因，确实是“玄之又玄”，难以深究。但无论是古人还是今人，都可以“以观其妙”，感受到盘古开天辟地的伟大和魅力，感受到大自然的奇妙和神秘。

“道”和创世纪的“盘古”，都是产生天地万物总根源的表现形式，一在高雅之堂，一在平凡民间，事实上“两者同出，异名同谓”。比较三国吴人徐整《三五历纪》和稍晚晋代王弼注《老子道德经注》可知，盘古就是王弼注《老子道德经注》描绘的那个“无”、那个“微”、那个

① （战国）韩非著、张觉译注《韩非子全译》第一卷《主道第五》，贵州人民出版社，1992，第50页。

② （魏）王弼注、黎庶昌辑《集唐字老子道德经注》上篇，西泠印社出版社，2017，第1～3页。

"始"、那个"玄"、那个"道"。世界万物，因一个"微小"的盘古开始，确实是"万物始于微而后成"。盘古"出于玄"，玄者，"冥默无有"，就是那混沌的鸡子。盘古生于这枚混沌的鸡子中，确实"谓之始"，始，"母之所出"。盘古的死亡就是万物之"生"的开始，因为盘古之死或之终"谓之母"。

盘古之死便是世界万物之始，盘古的终点就是万物的起点，是万物"母之所出"之时，同时也是"母之所出"之地。这种盘古死而化万物之认识，无意间恰恰与今天宇宙诞生大爆炸理论相契合。明董斯张《广博物志》卷九引《五运历年纪》曰：

> 盘古之君，龙首蛇身，嘘为风雨，吹为雷电，开目为昼，闭目为夜。死后骨节为山林，体为江海，血为淮渎，毛发为草木。①

唐代官修类书《艺文类聚》没有"引用"《五运历年纪》或没有记载盘古死后"骨节为山林，体为江海，血为淮渎，毛发为草木"的部分，且解释了风雨雷电和白昼生成的原因，即皆因盘古化身和身体躯干器官所引起的动作所为。明代《广博物志》所记载的内容还是比较笼统的。后人则进行了拓展，故清马骕《绎史》卷一引《五运历年纪》记载：

> 天气濛鸿，萌芽兹始，遂分天地，肇立乾坤，启阴感阳，分布元气，乃孕中和，是为人也。首生盘古，垂死化身；气成风云，声为雷霆，左眼为日，右眼为月，四肢五体为四极五岳，血液为江河，筋脉为地里（理），肌肉为田土，发髭为星辰，皮毛为草木，齿骨为金石，精髓为珠玉，汗流为雨泽，身之诸虫，因风所感，化为黎甿。②

① 袁珂、周明编《中国神话资料萃编》，第7页。

② 袁珂、周明编《中国神话资料萃编》，第6~7页。

在这里，清马骕《绎史》对明董斯张《广博物志》所载盘古死后化生万物给予了丰富和具体描述。茅盾指出：“大体也是根据了南方民族的神话，可是修改之处一定很多；这不但是‘四极五岳’一言已经流露了中部及北部民族之宇宙观，并且解释天地创造的过程也和第一条（《艺文类聚》所引《三五历纪》）有矛盾。在第一条中，盘古是天地同生的神，……《五运历年纪》的记载，却是把盘古拟作未有天地时之一物，盘古死而后有大地。……这也很可以暗示前者（《五运历年纪》）是渗入了若干北方民族的宇宙观了。”① 由此可见盘古神话“生”和“死”的内容有所发展和衍化。

但《绎史》和《广博物志》显然是对南朝梁任昉《述异记》的提炼和综合。在三国吴人徐整《三五历纪》和晋代王弼注《老子道德经注》产生后，流传至今的南朝梁任昉《述异记》恰恰描绘了盘古之死。《绎史》和《广博物志》以及更早的《述异记》所描绘的“首生盘古，垂死化身”，并非真正引用徐整《三五历纪》，而只是对其盘古传说内容的丰富和演绎，使该神话更加生动具体。

南朝梁任昉《述异记》才是盘古“首生盘古，垂死化身”神话故事产生的源头。或者说是梁任昉《述异记》整理和归纳了前代盘古之死的神话传说。让盘古有生有死，也才有了盘古神话故事的有始有终、有头有尾，这样的结局才完美。

这也与晋代王弼注《老子道德经注》所蕴含的“天地万物的总根源”之“道”，即“微小”的盘古是“万物始于微而后成”之“母”。在古人眼里，盘古之死，其人生终点，则是世界万物的起点，盘古是大地万物之母。这也实现了老子《道德经》开篇所说的“无名，天地之始也；有名，万物之母也”，也是王弼注《老子道德经注》所谓的“在终则谓之母”。下面具体看南朝梁任昉《述异记》卷上所描述的“盘古之死”：

（总论）昔盘古氏之死也，头为四岳，目为日月，脂膏为江海，毛

① 茅盾撰《中国神话研究初探》，第35～36页。

发为草木。

（第二部分）秦汉间俗说（秦岭、汉中）：盘古氏头为东岳，腹为中岳，左臂为南岳，右臂为北岳，足为西岳。

（第三部分）先儒说（中原）：盘古氏泣为江河，气为风，声为雷，目瞳为电。

（第四部分）古说（巴蜀）：盘古氏喜为晴，怒为阴。

（第五部分）吴楚间说（吴楚长江流域）：盘古氏夫妻，阴阳之始也。

（第六部分）（南方岭南）今南海有盘古氏墓，亘三百里，俗云后人追葬盘古之魂也。桂林有盘古祠，今人祝祀。南海中盘古国，今人皆以盘古为姓。

（总结）（任）昉案：盘古氏，天地万物之祖也，然则生物始于盘古。[①]

茅盾认为，梁任昉《述异记》"大概是伪作。书中所载各条，剽窃之迹显然。但伪作者于剽窃旧说时间亦附加耳目所闻见，故尚可寻见神话传说之逸文"[②]。茅盾是研究神话的大家，其结论笔者不能评判。但梁任昉《述异记》记载的盘古神话，看似为一个整体，文中也仅仅一个段落，如此小的篇幅，恰恰是任昉"附加耳目所闻见"的各地盘古神话传说之逸文。故《述异记》描述"盘古之死"事实上共分七个部分。

第一部分，总概盘古死后整体的"垂死化身"，指出盘古化四岳、日月、江海和草木。

第二到第六部分则是按照作者收集的不同盘古神话蓝本进行叙述，主要是按照地域而非时间来划分。茅盾先生认为，梁任昉《述异记》"的价值，很可怀疑；所以这一条关于盘古的记事的'秦汉间俗说'一语，也未必可靠，不能据以证明秦汉间已有盘古的传说"[③]。茅盾先生将"秦汉间"理解

① （梁）任昉撰《述异记》卷一，马俊良编纂《汉魏小说采珍》，上海中央书店，1937，第1页，又见袁珂、周明编《中国神话资料萃编》，第7页。

② 茅盾撰《中国神话研究初探》，第94页。

③ 茅盾：《神话研究》，百花文艺出版社，1981，第140～141页。

为秦代和汉代是有误的，这里正确的理解应该是陕西或秦岭之秦地与汉中地区，或理解为黄河流域的渭水地区和汉水流域。下面与之对应的是中原、吴楚等。但茅盾先生认为“盘古的神话本产生于南方而后北行的”[①]，笔者认为确实有事实和科学依据。

第二部分，盘古身化为五岳则是秦地和汉中（水）地区对盘古身体如何化为五岳的认识。也就是说任昉《述异记》将这些地区流传的盘古神话汇集起来，因为神话故事内容从“昔盘古氏之死也，头为四岳”，衍化和发展到盘古身体的五部分化为五岳。相较于原来神话传说产生之初，其故事更为具体和丰满。秦岭和汉水地区多山，人们想象到盘古身体的五部分化为山岳是说得通的。

第三部分，先儒说，“先儒”虽指人，事实上指的是古之华夏中国，这里是先儒产生之地。如果真的指人，如泛指古之“先儒”，道之老庄、儒之孔孟、兵之孙武孙膑等百家之“儒”，并没有直接描述和记载盘古，而如狭隘指儒家，除了孔孟以及秦汉儒家，皆没有直接记载盘古。故这里“先儒”指的是华夏中国的中原地区。该地区认为盘古死后“泣为江河，气为风，声为雷，目瞳为电”。中原地区是平野地带，故先思江河，再见风雨雷电，不见高山，这与中原地区人民的想象力是吻合的。

第四部分，古说，从方位角度而言，当为今巴蜀、鄂西地区。这些地区，气候阴晴不定，山地多雾气，多阴天。故该地区神话流播中就产生了“盘古氏喜为晴，怒为阴”的内容。

第五部分，吴楚间说，这里主要是指今荆楚和吴越之地，是长江流域的中下游地区。该地区流播“盘古氏夫妻，阴阳之始也”。这在原有神话的基础上增加了极其重要的内容，盘古由一人变成了两个人，成为夫妻二人。这事实上融入了原来伏羲和女娲神话的元素。

第六部分，概指长江流域之南，主要是岭南地区，今广东、广西以及江西和湖南等省的部分地区乃至云贵部分地区。而在这里，还具体落实了盘古死后的坟墓、祭祀盘古的祠庙，以及南方有盘古国和以盘古为姓的。事实

① 茅盾：《神话研究》，第140~141页。

上，这是将蛮苗地区的盘瓠之国和盘瓠祠庙融入了盘古神话传说，而该部分南海、桂林地区也是盘古和盘瓠流播非常广泛的地区。

第七部分，总结性的话语指出，“盘古氏，天地万物之祖也，而生物始于盘古”。最终盘古死后化生，盘古之“道”，是万物之始，亦是万物之源。

通过对盘古之死的文献的探讨，我们看到了在我国盘古神话传说中，人们将盘古文化逐步丰富，使其文化更加多元和丰满，最终形成影响整个中华民族的盘古创世纪神话。茅盾《神话研究》指出：“古代的历史家把神话当作历史的影写，竟是屡见而不一见的；从而我们若设想我们古代的历史家把神话当作历史加以修改，亦似乎并不是不合理的。我们可以盘古氏的故事为例，以证明中国古代的历史家确曾充其力量使神话历史化。”①

盘古历史文献显然也被历史学家修改过，但任昉《述异记》流传盘古的神话被来自各地的历史家（甚至包括普通文人或传播者）修改，使盘古文化越来越丰富，鄂西《黑暗传》便是典型代表。

（三）鄂西《黑暗传》和夷陵《盘古传》混沌造人

鄂西地区多盘古庙，甚至有盘古创世的史诗神话流传。整个鄂西和渝东，由于有天然的生死文化载体，生老病死被坦然对待，生人为喜事，为红喜事，老人去世为白喜事，人们都载歌载舞，故盛行打丧鼓，唱丧歌，甚至一些地方还跳舞。同时该地区流传有其他歌舞文化，如唐戏。《巴东县志》记载：“一曰起源于唐朝，薛刚大闹花灯闯祸之后，避难于神农架，建寨为王，编歌唱戏，娱乐将士。此后便在巴东江北与神农架相毗邻的一带流传开来，并逐步形成了一种富有地方色彩和特殊风格的剧种。故有‘唐戏’一说。”② 唐戏在三峡地区流传甚广，人们将盘古歌舞和民间戏剧相互融合，如《黑暗传》记载：

① 茅盾：《神话研究》，第 70～71 页。

② 湖北省巴东县志编纂委员会：《巴东县志》，湖北科学技术出版社，1993，第 474 页；另外湖北省巴东县民族事务委员会编《巴东县民族志》，1997，内部资料，第 47 页也持此说。

有人道我先天地，沙泥沙石脱仙胎。渺渺茫茫道为主，身居雷霆坐灵台。冷眼无边看世界，黑暗憔悴怎得开？西天老母随后跟，一十八人说不尽。三父八母谁人晓？几人知得这根苗？三灾八难来讲起，大海九连窝一座。一个老母窝中生，原是海鸟蛋一个。蛋破产出一个人，树根穿身灾难尽，头顶鹰鸟不动身，随来土长是真人。无天无地无乾坤，又无日月两边分，他母怀他十六岁，四月初八午时生。一眼观定乾坤界，身坐西方半边天。十八神仙旁边站，众多老母站台前，左边站定四十八老母，右边站立四十八祖先。秦氏老母站右边，又向元古来表明，元古坐在灵山岭，天愁地惨实难忍，万里乾坤不自然。收下弟子把道传，差了洪钧去开山，洪水滚滚满山川，洪钧昆仑自修炼，三花仙斧劈开山。洪钧老祖降世起，出洞不见天和地，乾坤暗暗混二气。老祖抬头把眼睁，清浊二气不分明……①

这里的盘古神话，融入了大量的鄂西地域文化，也非常通俗易懂，这样浅白或直白的诗歌歌词也容易让人听明白和传承，故许多不识字的人也会唱。而除了《黑暗传》，《盘古歌》在夷陵也有流传，如夷陵区《盘古传》记载：

盘古躯体化万物，浑身配与天地行。只因人类未出世，留下参天盘古根。女娲见了这情景，不觉双眼泪淋淋，南边取来长江水，北边取泥捏人形。头天捏了十三个，次日又捏十一人，三日又捏人九个，泥人还是泥巴人。女娲心中好纳闷，盘古言语记得清，要我捏泥造人类，不知哪里出毛病？想了三日并三夜，抬头望见盘古根，上前跪地来叩拜，祈祷盘古佑生灵。拜罢盘古未起身，忽听背后有人声。泥人个个活生生，蹦蹦跳跳叫娘亲。女娲见了多欢喜，世上

① 胡崇峻搜集整理《黑暗传》，第133～135页。

从此有了人。[1]

这里的《盘古歌》融入了生殖崇拜文化，夷陵区有盘古根，显然是融入了地方特色，在这里，盘古和女娲共同创造人类。这种文化的产生也是有其文化背景的。夷陵是华夏文化和“蛮夷文化”交界之地，也是盘古和盘瓠文化交汇之地。

二 盘瓠文献（化）索源

茅盾在《中国神话研究初探》第八章“结论”中总结道：“中国民族在发展的过程中，不断有新分子参加进来。这些新分子也有它自己的神话和传说。……地方的传说，当然也可以算为中国神话的一部分。这也需要特别的搜辑和研究。至于西南的苗、瑶、壮各族，还有神话活在他们口头的，也在搜采之列。”[2] 对于今天而言，盘古和盘瓠的关系至今还是一个谜团，没有让人信服的结论。盘古和盘瓠可能是独立产生的神话传说，后来随着文化交流，互相借鉴，有一个彼此相互影响的过程。

（一）华夏中原：圣人所居

汉贾谊《新书·解县·事势》则指出：“据天下而必固，称高号诚所宜，俛视（俯视）中国，远望四夷。”[3] 此“中国”为古代狭义的中国，泛指今中原地区。

中国地域的东南西北中之地域方位中，自然以“中原”为坐标，再谈东西南北。“中国”中心确位后东夷、南蛮、西戎、北狄便定下来了。《中庸章句》第一章指出：“喜怒哀乐之未发，谓之中；发而皆中节，谓之和。

① 杨建章：《盘古庙与盘古文化》，中国人民政治协商会议宜昌市夷陵区委员会文史资料委员会编《夷陵国宝》，第89～90页。

② 茅盾撰《中国神话研究初探》，第90页。

③ （汉）贾谊撰，阎振益、钟夏校注《新书校注》卷三《解县·事势》，中华书局，2011，第128页。

中也者，天下之大本也；和也者，天下之达道也。致中和，天地位焉，万物育焉。”① 在中华民族传统文化中，“中原”确实是“天下之大本”，这也是三代以来文化发展造就的。中央是三代帝王所居之地，得天之道，坐中位，从中道。故《中庸章句》第二十一章指出：“诚者，天之道也；诚之者，人之道也。诚者，不勉而中，不思而得，从容中道，圣人也。”② 中原便是圣人所居之地。

我国中原为三代活动核心区域，也是今黄河中下游地区。古楚国欲争霸，后有“问鼎中原”或有“入主中原”之说，古之“中原”和“中国”意思相同。前面已经讨论《艺文类聚》卷六引《河图括地象》曰：“地广东西二万八千，南北二万六千，有君长之州，州有九，阻中土之文德，及而不治。”③ 此处的中土（“中原”“中国”）有文德，周边则为蛮荒之地，这些地域没有文化，国家治理也很混乱。“中国”在三代就是指夏商周的国都之所在区域。西周曾以其国都（京师）镐京为“中国”。如《诗经·大雅·民劳》记载：“民亦劳止，汔可小康（安宁）。惠此中国，以绥四方。”“民亦劳止，汔可小休（休息），惠此中国，以为民逑。”“民亦劳止，汔可小息，惠此京师（西周的镐京），以绥四国。”④ 此处《诗经》所歌咏的中国、京师为一个概念，其他周边诸国则为四方之国。东周东迁，夏商周三代主体还是以黄河中下游为核心区域。

《艺文类聚》卷六引《尔雅》曰：“东至泰远，西至邠国，南至濮铅，北至祝栗，谓之四极；孤竹、北户、西王母、日下谓之四荒；九夷、八狄、七戎、六蛮，谓之四海。”⑤ 这里无形之中也是有一个“中”的坐标，方能论东南西北之四极、四荒、四海。那么这个“中”之位置何在呢？从中国文化而言，帝王都言三皇五帝，王朝动辄以夏商周三代为喻。《淮南子·原

① 朱熹集注《中庸章句》，《四书集注》，岳麓书社，1987，第25页。

② 朱熹集注《中庸章句》，《四书集注》，第44页。

③ （唐）欧阳询撰、汪绍楹校《艺文类聚》卷六《地部·地》，上海古籍出版社，1982，第99页。

④ 刘毓庆、李蹊译注《诗经·雅·颂》，中华书局，2011，第730~732页。

⑤ （唐）欧阳询撰、汪绍楹校《艺文类聚》卷六《地部·地》，第100页。

道训》指出："夫道者，覆天载地，廓四方，柝八极，高不可际，深不可测。"四方观念已经形成，但中央在哪里呢？《淮南子·原道训》指出："泰古二皇，得道之柄，立于中央。神与化游，以抚四方。"[①] 王士性在《五岳游草·广志绎》中指出："自昔以雍、冀、河、洛为中国，楚、吴、越为夷。"[②] 故在古华夏文化概念中，长江流域都是"蛮夷"[③] 之地。而盘瓠文化诞生之地，正在长江流域。

（二）"蛮夷"之人：化外之民

《风俗通·轶文》指出："万类之中，惟人为贵。"[④] 《草木子（外三种）》总结道："天地生之以食人；人至灵也，天地生之以食万物。……人之精也者，圣人也。"[⑤] 人（尤其圣人和先儒）只能来自华夏（中原地区），故梁任昉《述异记》先儒所在地为中原之地。明朝人指出："东南之人食水产，西北之人食六畜。……若南方之南，至于烹蛇酱蚁，浮蛆刺虫，则近于鸟矣；北方之北，至于茹毛饮血，拔脾沦肠，则比于兽矣。圣人之教民火食，所以别中国于夷狄，殊人类于禽兽也。"[⑥] 在统治者眼里，"蛮夷"之人是低人（华夏人）一等的。在华夏人眼里"蛮夷"是诸夏的仇敌，如《后汉书·南蛮西南夷列传》记载：

> 其在唐、虞，与之要质，故曰要服。夏、商之时，渐为边患。逮于周世，党众弥盛。宣王中兴，乃命方叔南伐蛮方，诗人所谓"蛮荆来威"者也。又曰："蠢尔蛮荆，大邦为仇。"明其党众繁多，是以抗敌

---

① 顾迁译注《淮南子》，中华书局，2009，第 2～3 页。

② （明）王士性撰、周振鹤点校《五岳游草·广志绎》，中华书局，2012，第 330 页。

③ 本文中"蛮夷"的称呼均为文献中记载，不代表作者和出版社的态度。

④ （东汉）应劭撰、王利器校注《风俗通义校注》，第 495 页。

⑤ （明）叶子奇等撰、吴东昆等校点《草木子（外三种）》卷一，上海古籍出版社，2012，第 19 页。

⑥ （明）谢肇淛撰《五杂组》卷十一《物部三》，上海书店出版社，2001，第 218 页。

诸夏也。①

楚国问鼎中原，其为“蛮夷”，楚亡后，“蛮夷”地域南缩，但“抗敌诸夏”叛服不常。《后汉书·南蛮西南夷列传》记载：

> 平王东迁，蛮遂侵暴上国。晋文侯辅政，乃率蔡共侯击破之。至楚武王时，蛮与罗子共败楚师，杀其将屈瑕。庄王初立，民饥兵弱，复为所寇。楚师既振。然后乃服，自是遂属于楚。鄢陵之役，蛮与恭王合兵击晋。及吴起相悼王，南并蛮越，遂有洞庭、苍梧。秦昭王使白起伐楚，略取蛮夷，始置黔中郡。汉兴，改为武陵。岁令大人输布一匹，小口二丈，是谓賨布。虽时为寇盗，而不足为郡国患。②

贾谊指出：“凡天子者，天下之首也，何也？上也。蛮夷者，天下之足也，何也？下也。蛮夷征令，是主上之操也，天子共贡，是臣下之礼也。”③在汉代人眼里“蛮夷”“抗敌诸夏”是低人一等的。中原王朝也常常剿杀“蛮夷”。故王士性《五岳游草·广志绎·西南诸省》记载谚语云：“瑶杀瑶，不动朝，僮杀僮，不告状。”这里虽然记载的是广西的谚语，但对武陵和苗疆乃至云贵各地都是适用的。王士性《五岳游草·广志绎·西南诸省》记载：“语云，‘十年不剿则民无地，二十年不剿则地无民’。又云，征蛮法，全剿不如歼魁，明捕不如暗执。土官干戈，无日不寻，然止自相屠戮，渠各自有巢穴在，不敢出向中州，可以无虑。惟有瑶僮为梗，然亦禽兽，无雄举远志，不过劫掠牲畜而已。”④ 詹姆士·斯科特指出，南方山地“蛮夷”

① （宋）范晔撰、（唐）李贤等注《后汉书》卷八十六《南蛮西南夷列传第七十六》，中华书局，1965，第2830～2831页。

② （宋）范晔撰、（唐）李贤等注《后汉书》卷八十六《南蛮西南夷列传第七十六》，第2830～2831页。

③ （汉）贾谊撰，阎振益、钟夏校注《新书校注》卷三《解县·事势》，第127页。

④ （明）王士性撰、周振鹤点校《五岳游草·广志绎》卷五《西南诸省》，第312～313页。

是属于“化外之民”的“野蛮人”：

> 他们都被置于进化和文明的序列中，而汉族理想的文明就是进化和文明的尺度。从这个角度看，山地部落被按照从“生荒”（原始）到“成熟”排列起来。这样我们得出了下面的序列：“几乎是汉人”，“正在变成汉人”，“如果愿意最终会变成汉人（只要我们想要他们变！）”，最后则是“未开化”（比如“最野蛮”的拉祜族）的类型，这也当然意味着“不是真正的人”。①

当然这种认同具有主观性，其判断的标准是“进化和文明的尺度”。但实际的区别是“君权和税收无法到达的地方就是‘族群’和‘部落’的空间。所谓的‘野蛮人’是国家描述那些自主治理、尚未臣服的人民所用的词汇”②。王明珂认为所谓“中国边缘”是指“时间上的边缘、地理上的边缘，也是认同上的边缘”③。武陵民族走廊地区“生苗”“熟苗”“汉人”等因时间、地理和认同的“边缘”性而形成“化外之民”和“王化之民”的区别。

在统治眼里，“蛮夷”是野蛮的，喜为盗贼，被称蛮祸，是可以随意剿杀的。秦汉以来，“蛮夷”逐渐向南退缩，到了明清则以三峡峡江为界。严如熤总结道：“川楚之相连也，夷陵三峡之一，……此路数百里均皆天险，故自来蛮祸不能过江北，而流匪之患亦鲜至江南者。”④ 故今天的盘瓠神话传说，也是以峡江为界的，而宜昌、归州、巴东、巫山等跨峡江的地域，就存在盘古和盘瓠文化并存的现象。下面讨论盘瓠的神话传说生成的历史和文化原因。

---

① 〔美〕詹姆士·斯科特：《逃避统治的艺术：东南亚高地的无政府主义历史》，王晓毅译，生活·读书·新知三联书店，2016，第121页。

② 〔美〕詹姆士·斯科特：《逃避统治的艺术：东南亚高地的无政府主义历史》，第6页。

③ 王明珂：《华夏边缘：历史记忆与族群认同》，社会科学文献出版社，2006，第13页。

④ 蓝勇主编《稀见重庆地方文献汇点》（上），《三省边防备览》卷十一《策略》，重庆大学出版社，2013，第370页。

（三）“苗蛮”为军：兵源之地

韩信死之前，曾说过著名的“狡兔死，走狗烹”，形容军人为君王打完天下，便被君王抛弃或杀害。事实上，南方族群人口常常为中原王朝出兵为军，自三代便开始了。如《华阳国志·巴志》记载：“禹治水命州，巴、蜀以属梁州。……禹会诸侯于会稽，执玉帛者万国，巴蜀往焉。周武王伐纣，实得巴蜀之师，着乎《尚书》。”[①] 如《华阳国志·蜀志》记载巴蜀之地：“其国富饶，得其布帛金银，足给军用。水通于楚。有巴之劲卒，浮大舶船。以东向楚，楚地可得。得蜀则得楚。楚亡，则天下并矣。”[②] 自从《尚书》记载巴蜀之师后，巴地之人常常有从军者，因为巴地之人能征善战，是国家理想的兵源地。周武王伐商，巴人是其中一支盟军，史载：“其人勇锐，歌舞以凌殷郊。”[③] 巴人“天性劲勇”[④]，“刚悍生其方，风谣尚其武，奋之则賨旅，玩之则渝舞”[⑤]。巴东郡“郡与楚接，人多劲勇，少文学，有将帅材”[⑥]。故中央王朝，尤其从关中隆兴之政权，得巴之人力也。因其善战。历代王朝在南方“蛮夷”之地寻求兵源，已经成为惯例，如《华阳国志·巴志》记载巴之涪陵郡：

> 汉时赤甲军常取其民，蜀丞相亮亦发其劲卒三千人为连弩士，遂移家汉中……乃移其豪徐、蔺、谢、范五千家于蜀，为猎射官。分羸弱配督将韩、蒋，名为助郡军，遂世掌部曲，为大姓。晋初，移弩士于冯翊莲勺。其人性质直，虽徙他所，风俗不变，故迄今有蜀、汉、关中、涪

① （晋）常璩撰、任乃强校注《华阳国志校补图注》卷一《巴志》，上海古籍出版社，1987，第4页。

② （晋）常璩撰、任乃强校注《华阳国志校补图注》卷三《蜀志》，第126页。

③ （唐）李吉甫撰、贺次君点校《元和郡县志》卷三十三《渝州》，中华书局，2008，第853页。

④ （晋）常璩撰、任乃强校注《华阳国志校补图注》卷一《巴志》，第14页。

⑤ （明）杨慎编纂，刘琳、王晓波校点《全蜀艺文志》卷一左思《蜀都赋》，线装书局，2004，第16页。

⑥ （晋）常璩撰、任乃强校注《华阳国志校补图注》卷一《巴志》，第37页。

> 陵；其为军在南方者犹存。[①]

《宋史·蛮夷一》记载：

> 有辰州徭人秦再雄者，长七尺，武健多谋，在行逢时，屡以战斗立功，蛮党伏之。太祖召至阙下，察其可用，擢辰州刺史，官其子为殿直，赐予甚厚，仍使自辟吏属，予一州租赋。再雄感恩，誓死报效。至州日训练士兵，得三千人，皆能被甲渡水，历山飞堑，捷如猿猱。又选亲校二十人分使诸蛮，以传朝廷怀来之意，莫不从风而靡，各得降表以闻。[②]

到明清王朝征调"蛮夷"为军的现象就更加普遍。这些帮助中原王朝的"蛮夷"，在统治者眼里都是王朝的鹰犬。"鹰犬"一词既是形容其为朝廷效力，又体现了他们的政治地位不高。而盘瓠为犬，为高辛氏效力，其本质就是为中原王朝效力。

（四）"蛮夷"始祖：盘瓠传说

盘瓠的传说见于《风俗通·轶文》和《后汉书·南蛮西南夷列传》，两者内容相差无几。《风俗通·轶文》指出："万类之中，惟人为贵。"[③]《后汉书·南蛮西南夷列传》记载盘瓠的神话故事如下：

> 昔高辛氏有犬戎之寇，帝患其侵暴，而征伐不克。乃访募天下，有能得犬戎之将吴将军头者，购黄金千镒，邑万家，又妻以少女。时帝有畜狗，其毛五采，名曰盘瓠。下令之后，盘瓠遂衔人头造阙下，群臣怪而诊之，乃吴将军首也。

① （晋）常璩撰、刘琳校注《华阳国志》卷一《巴志》，巴蜀书社，1984，第83~84页。
② （元）脱脱等撰《宋史》卷四百九十三《列传第二百五十一·蛮夷一·西南溪峒诸蛮上》，中华书局，1977，第14172页。
③ （东汉）应劭撰、王利器校注《轶文》，《风俗通义校注》，第495页。

帝大喜，而计盘瓠不可妻之以女，又无封爵之道，议欲有报而未知所宜。女闻之，以为帝皇下令，不可违信，因请行。帝不得已，乃以女配盘瓠。

盘瓠得女，负而走入南山，止石室中。所处险绝，人迹不至。于是女解去衣裳，为仆鉴之结，着独力之衣。帝悲思之，遣使寻求，辄遇风雨震晦，使者不得进。经三年，生子一十二人，六男六女。盘瓠死后，因自相夫妻。织绩木皮，染以草实，好五色衣服。制裁皆有尾形。

其母后归，以状白帝，于是使迎致诸子。衣裳班兰，语言侏离，好入山壑，不乐平旷。帝顺其意，赐以名山广泽。其后滋蔓，号曰蛮夷。外痴内黠，安土重旧。以先父有功，母帝之女，田作贾贩，无关梁符传、租税之赋。有邑君长，皆赐印绶，冠用獭皮。名渠帅曰精夫，相呼为姎徒。①

该段文献，诸多学者给予解读，笔者认为，该文献应该分为四部分。该段文献看似神话，但更多的是历史。

第一部分，中原高辛统治部族“以蛮治蛮”，用犬戎之盘瓠对付犬戎。盘瓠部族为高辛服务，打败了犬戎，获得了战功。《后汉书·南蛮西南夷列传》载，盘瓠“今长沙武陵蛮是也”②。可见将神话叙述成为历史了。

第二部分，中原高辛统治部族以宗室女“和亲”，笼络盘瓠部族。这在汉唐乃至明清时期都普遍存在。

第三部分，是对盘瓠部族人口繁衍进行神话描述，并对其生活状况进行记载。

第四部分，对盘瓠部族和中原的关系和交流进行描述，重点是盘瓠部族不交赋税。

---

① （东汉）应劭撰、王利器校注《轶文》，《风俗通义校注》，第489~490页。又见（宋）范晔撰、（唐）李贤等注《后汉书》卷八十六《南蛮西南夷列传第七十六》，第2829~2830页。

② （宋）范晔撰、（唐）李贤等注《后汉书》卷八十六《南蛮西南夷列传第七十六》，第2830页。

“蛮夷”，尤其苗族以盘瓠为始祖，故同治《麻阳县志·镇竿总说》指出：“苗种多祖盘瓠，悍犷不常，好巫信鬼。”① 事实上，盘瓠神话也是有史诗流传的，如《盘瓠根源歌》。湘西南的麻阳县还保留着盘瓠庙，据当地人讲，每到端午节要划龙舟，还要唱《接龙歌》，又叫《盘瓠根源歌》。当地划龙舟与屈原没有多大联系。《盘瓠根源歌》主要诉说麻阳苗民列祖列宗的迁徙。麻阳划龙舟的《盘瓠根源歌》如下：

> 且艄行来慢艄行，慢慢艄行将歌吟。别人划船祭端午，漫水划船有根本。盘瓠原住辰州府，辰州府上有家门。庙堂设在木关上，赫赫威灵来显圣。辰州已住数百载，神心一动往上行。腾云驾雾往上走，路边新营歇凉亭。苗众即设盘瓠庙，龚王两姓是子孙。大王休息已过后，麻邑安居一时辰。九姓子弟忙迎接，盘瓠大王做祖神。②

但该《盘瓠根源歌》具有一定史诗性叙述，是“犬”（盘瓠）民族迁徙的历史。此处所说盘瓠原所在辰州府就是今沅陵县，他们沿着沅江向西，迁至麻阳。历史上，在东汉以马援为代表的中央政府深入该地区，一些当地居民被迫西迁，其本质上是马援文化流播、传承和改造的过程。辰州府出现在元明之时，也是此时中央政府才真正深入该地区腹地，故该传说可能形成很早，后人在传播中加入了明清政区影响和移民文化或加入了元明时代文化（主要是明清对忠义之臣封王甚至封帝）的元素。

（五）夷陵防蛮：盘古和盘瓠文化边界

历史上，中原王朝往往以华夏自居，统治者视“蛮夷”为下等人。在中原王朝的文化书写中，“蛮夷”非常狡猾，中原国家必须防止他们反叛。

① （清）姜镜琇等修，刘土先、王振玉纂《同治新修麻阳县志》卷十三《外纪志序·镇竿总说》，同治十三年（1874年）刻本，收录于《中国地方志集成·湖南府县志辑65》，江苏古籍出版社，2002，第554页。

② 麻阳苗族自治县志编纂委员会编《麻阳县志》卷二十七《文化·民间文学》，生活·读书·新知三联书店，1994，第674页。

如《南史·夷貊下》指出：

> 书云“蛮夷猾夏”，其作梗也已旧。及于宋之方盛，盖亦屡兴戎役，岂诗所谓“蠢尔蛮荆，大邦为仇”者乎。今亦编录以备诸蛮云尔。①

由于对立，华夏和“蛮夷”之间形成了一条军事边界，以军事边界为基础还形成了政治和文化的边界。王明珂指出，地理边界和文化边界“是真实与切要的资源垄断、分享与分配情境——‘华夏’便是如此一个以‘华夏边缘’排除外人，维护共同资源，并在华夏内部做阶序化资源分配的群体”②。峡江就是华夏与“蛮夷”的交汇之地。而夷陵就是历代中央政府屯兵镇守、防止武陵盘瓠叛乱的军事要地。《南史·夷貊下》记载如下：

> 荆、雍州蛮，盘瓠之后也，种落布在诸郡县。宋时因晋于荆州置南蛮、雍州置宁蛮校尉以领之。孝武初，罢南蛮并大府，而宁蛮如故。蛮之顺附者，一户输谷数斛，其余无杂调。而宋人赋役严苦，贫者不复堪命，多逃亡入蛮。蛮无徭役，强者又不供官税。结党连郡，动有数百千人，州郡力弱，则起为盗贼，种类稍多，户口不可知也。所在多深险。居武陵者有雄溪、樠溪、辰溪、酉溪、武溪，谓之五溪蛮。而宜都、天门、巴东、建平、江北诸郡蛮所居，皆深山重阻，人迹罕至焉。前世以来，屡为人患。③

由于盘瓠之后在峡江长期叛乱，故防蛮成为国家头等大事，这也是

① （唐）李延寿撰《南史》卷七十九《列传第六十九·夷貊下》，中华书局，1975，第1980页。

② 王明珂：《英雄祖先与弟兄民族：根基历史的文本与情景》，中华书局，2009，第244～245页。

③ （唐）李延寿撰《南史》卷七十九《列传第六十九·夷貊下》，第1980～1981页。

夷陵得名的原因。归州和夷陵州互为犄角，更多时候夷陵辖归州，如《肇域志·夷陵州》指出夷陵州："正当峡口，故以为吴之关限。……国之关险，失之则荆州可忧。……冲、饶、烦、朴。施归兵道驻扎。设千户所。夷陵递运所。"① 施归兵道设于夷陵以备施南之蛮，千户所、递运所以控峡江。如明嘉靖《归州志》记载："冉氏、田氏（长江南岸的地方政权）陬落猖獗，屯聚三峡，短遏水路，行人有假道者。（归州）荆蜀镇守之地，西陵乐乡，荆州之镇守也。"② 《肇域志·归州》记载："居三峡要冲，塞山蛮之路。"③ 顾炎武认为归州是塞山蛮之要冲之路，其认识与历史相符。在中原王朝的文化书写中，"蛮夷"是盘瓠之后，《南史·夷貊下》记载：

> 孝武大明中，建平蛮向光侯寇暴峡川，巴东太守王济、荆州刺史朱修之遣军讨之。光侯走清江，清江去巴东千余里。时巴东、建平、宜都、天门四郡蛮为寇，诸郡人户流散，百不存一。明帝、顺帝世尤甚，荆州为之虚弊云。④

建平即今巫山、秭归一带，巴东即今重庆一带。这些蛮族在中原王朝眼里都是盘瓠之后，是盗寇。盘瓠的文化在峡江自古流传，产生于鄂西的丧歌《黑暗传》记载了盘瓠的历史：

> 歌师讲得很分明，又把高辛问先生，高辛建都什么地？今是什么县地名？帝喾高辛治天下，又有何人作反臣？高辛要杀反臣子，何人提头见高辛？帝喾娶得荣氏女？其女叫做什么名？可恨房王作反臣，有人斩

---

① （清）顾炎武撰，谭其骧、王文楚、朱惠荣等校点《肇域志》第3册《湖广·夷陵州》，上海古籍出版社，2004，第1818页。

② 明嘉靖《归州志》地理卷之一《归州要隘考》，《天一阁藏明代方志选刊续编》第62册，上海书店出版社，1990，第750页。

③ （清）顾炎武撰，谭其骧、王文楚、朱惠荣等校点《肇域志》第3册《湖广·归州》，第1820页。

④ （唐）李延寿撰《南史》卷七十九《列传第六十九·夷貊下》，第1981页。

得房王头，赐他黄金与美人。

高辛有个五色犬，常跟高辛不离身，忽然去见房王面，房王一见喜欢心，高辛王犬归顺我，我的江山坐得成。当时急忙摆筵宴，赐与王犬好食品。五色犬见房王睡，咬下他首级见高辛。高辛一见心欢喜，重赐肉包与它吞，王犬一见佯不寐，卧睡一日不起身。莫非我犬要封赠？会稽王侯来封你，又赐美女一个人。

又有何样好吉兆？身怀有孕几月零？此处叫做什么地？那时生下有何人？高辛又娶某时女？此女叫做什么名？不觉身怀也有孕，那时生下什么人？高辛在位年多少？又尊何人为天子？是否是个有道君？你今一一说我听，才算有知有识人。仁兄问得好出奇，这些故事来问起，听我一一说根底。高辛建都名字在，如今河南偃师城，高辛仁君治天下，王犬忙把恩来谢，领了美女只交情，后生五男并六女，人身犬面尾后形，后来子孙都繁盛，就是犬戎国的根。①

《黑暗传》在鄂西产生是有历史背景的，历史背景在古《后汉书·南蛮西南夷列传》中有详细记载。而盘瓠的神话故事后来被当作历史对待，在历代正史和方志中都有传承和记载。《黑暗传》中高辛所都河南偃师城代表中原王朝，犬戎国代表“蛮夷”，其地理方位十分清晰，处于华夏之外或华夏边缘。如《宋史·蛮夷一》回顾了整个盘瓠之后“蛮夷猾夏”的历史，在中原王朝眼里盘瓠之后都是反叛不常的。而上面《黑暗传》所流传的文化在历代正史都有书写，如《宋史·蛮夷一》记载：

西南溪峒诸蛮皆盘瓠种，唐虞为要服。周世，其众弥盛，宣王命方叔伐之。楚庄既霸，遂服于楚。秦昭使白起伐楚，略取蛮夷，置黔中郡，汉改为武陵。后汉建武中，大为寇钞，遣伏波将军马援等至临沅击破之，渠帅饥困乞降。历晋、宋、齐、梁、陈，或叛或服。隋置辰州，唐置锦州、溪州、巫州、叙州，皆其地也。唐季之乱，蛮酋分据其地，

① 胡崇峻搜集整理《黑暗传》，第210~213页。

自署为刺史。晋天福中，马希范承袭父业，据有湖南，时蛮猺保聚，依山阻江，殆十余万。至周行逢时，数出冠边，逼辰、永二州，杀掠民畜无宁岁。①

《宋史·蛮夷一》所描述的西南溪峒诸蛮盘瓠“犬种”生存地域即今武陵地区，包括鄂西南、湘西、渝东南和黔东地区，这些地方地邻鄂西，而从文化辐射的角度而言，整个川江（含峡江）以南都是盘瓠文化辐射区，其与产生于长江中下游吴楚的盘古神话交汇于峡江两岸。故以峡江为界，整个宜昌夷陵到神农架地区是盘古（瓠）文化的富集区。

三　鄂西（夷陵）多盘古文化原因探讨

（一）盘古夫妻与伏羲女娲夫妻

《黑暗传》记载一对双胞胎兄妹遇到洪水躲到葫芦里逃生。兄妹结婚，再诞生了双胞胎姐妹伏羲和女娲。《黑暗传》记载：“见得一男一女多美貌，笑在眉头喜在心。连忙召来一仙神，山上引路留脚印。脚印一尺有二寸，夫妇二人跟着行。不知不觉到山顶，见一虹霓五色新。打一冷噤动春心，不知不觉怀了孕。生下双胎男与女，取下伏羲女娲名。”②

“一男一女”生伏羲女娲。《述异记》记载：“吴楚间说：盘古氏夫妻，阴阳之始也……盘古氏，天地万物之祖也，然则生物始于盘古。”③在盘古神话流播中，创造盘古夫妻，而后将盘古夫妻和伏羲女娲夫妻混淆，或者说是两者文化趋同合流。

《风俗通》曰：“天地开辟，未有人民，女娲抟黄土作人，剧务，力不

① （元）脱脱等撰《宋史》卷四百九十三《列传第二百五十一·蛮夷一·西南溪峒诸蛮上》，第14170～14171页。

② 胡崇峻搜集整理《黑暗传》，第146～147页。

③ （梁）任昉撰《述异记》卷一，中华书局，第1页，又见袁珂、周明编《中国神话资料萃编》，第7页。

暇供，乃引绳于泥中，举以为人。故富贵者黄土人也，贫贱者絙人也。”女娲除了造人，将人类分出贵贱等级，还让人为媒通婚。如《路史后纪二》记载：“女娲祷祠神祈而为女媒，因置昏姻，行媒始行明矣。”在远古神话中，女娲的地位是无与伦比的，在母系社会这无可厚非。到了父系氏族时代，人们在其中加入了伏羲元素。《路史后纪二》记载：“女娲，伏希（伏羲）之妹。”[①] 后来就有洪水淹没天下人，就剩伏羲和女娲二兄妹，二者不得不婚配“交合”的传说。

在汉代墓葬画像砖（棺）中有大量女娲伏羲人首蛇身的“交合”缠绕画像。笔者认为这才是“交”（蛟）得名的神话传说的文化源头。魏陈王曹植《女娲赞》曰：“古之国君，造簧作笙，礼物未就，轩辕纂成，或云二皇，人首虵（蛇）形，神化七十，何德之灵。”女娲人首蛇身（形）神化万物，《帝王世纪》曰：“帝女娲氏，亦风姓也，作笙簧，亦虵（蛇）身人首，一曰女希，是为女皇，其末诸侯共工氏，任知刑以强，伯而不王。”[②] 女娲又叫女希（羲），在只知其母，不知其父的母系社会，男性始祖难以流传，而伏羲得名，可能借用女希（羲）。女（母）希（羲）借用过来为父希，后来传为伏羲。女希和父希均为人首蛇身，故后来的女娲和伏羲的形象均为人首蛇身。

记载伏羲的文献的出现较为晚一些，如《帝系谱》曰：“神农牛首，结绳而治，伏羲人头蛇身。”[③]《帝王世纪》曰：“太昊帝庖羲（伏羲）氏，风姓也，蛇身人首，有圣德，都陈，作瑟三十六弦。”[④] 女希和父希均为人首蛇身，都为风姓，女希作笙簧，父希（伏希）作瑟三十六弦，两者确为兄妹关系。但事实上，父希神话传说来自女希的神话传说，或者父希是女希衍化的神话。在秦汉时代，伏羲和女娲“相交”结合的考古证据非常多，尤其画像砖（棺）两蛇（龙）缠绕，生成生殖和婚配的“蛟”字。《埤

① （东汉）应劭撰、王利器校注《风俗通义校注》，第 599 ~601 页。

② （唐）欧阳询撰、汪绍楹校《艺文类聚》卷十一《帝王部·帝女娲氏》，上海古籍出版社，2015，第 208 页。

③ （唐）欧阳询撰、汪绍楹校《艺文类聚》卷十一《帝王部·帝女娲氏》，第 311 页。

④ （唐）欧阳询撰、汪绍楹校《艺文类聚》卷十一《帝王部·帝女娲氏》，第 208 页。

雅》所谓“蛟能交首尾束物”实质就是伏羲和女娲人首蛇身的缠绕之“交”。

在中国神话系统中伏羲和女娲本为帝皇、帝女，为极尊贵的华夏始祖之一，两者结合生为“龙种”。《淮南子·说林》指出：“黄帝生阴阳，上骈生耳目，桑林生臂手，此女娲所以七十化也。”① 女娲“七十化”乃概指，指的是万物皆由女娲而生，女娲生万物得到诸神的帮助（辅助）。当女娲所化（造）之人传至后来，出现了分化。统治天下的“天子”贵为龙种，专黄服，当为女娲“黄土作人”的一种富贵者、高等人种。

在鄂西流传的《黑暗传》将创世的人祖盘古和伏羲混淆，还出现盘古夫妻，是混淆了盘古夫妻和伏羲女娲这两对夫妻。《黑暗传》总结曰：“盘古（这里显然是伏羲）之后她（女娲）为尊，兄妹二人配成婚。统天统地统三光，包天包地包乾坤。乾坤艮巽是为天，坎离震兑为四柱。女娲之后为地母，厚德载物赖后土。阴阳会合真造化，造化天地产贤能。”②

（二）盘古（瓠）与伏羲女娲都是“神龙”

今天的神农架，古代不是叫这个名字，该名字当为“神龙架”，清光绪《兴山县志》卷八《山川志》记载神龙山：“县境第一高山也，神龙山脉出自四川大宁与湖北房县交界之太平山，迤北九十里为房县九道梁山，又西九十里入县境为神龙山。一名神龙架山。自神龙山南出为茅麓、黄龙、白羊、清风、万朝、妃台诸山。”③ 清光绪《兴山县志》卷八《山川志》还记载：“神龙山北隶房县，西隶巴东，南隶兴山，为三邑界山。一名神龙架。高寒为一邑最，幽深险阻，多猛兽，产百药。”④ 显然今天的“神农架”是“神龙架”之讹。也就是说神农架林区因房县、巴东、兴山之间的神龙架山而得名。在鄂西盘古神话体系中人类始祖藏在葫芦里被五龙保护起来了。《黑

① （西汉）刘安等著、许匡一译注《淮南子全译》卷十七《说林》，贵州人民出版社，1993，第1007页。

② 胡崇峻搜集整理《黑暗传》，第171～172页。

③ 清光绪《兴山县志》卷八《山川志》，台北：成文出版社，1975，第131页。

④ 清光绪《兴山县志》卷八《山川志》，第132页。

暗传》记载：

> 三番洪水渐渐平，自生一根天地藤。天地相连一脉承。中间结个大葫芦，五龙捧着为何因？……洪水未消闭沉沉……忽然梦中怀了孕，先生男儿后女婴。一男一女甚聪明，一日玩耍到昆仑。又见洪水扑山顶。吓得连忙逃性命，只见葫芦口张开，接住童男童女身。二童进了葫芦内，葫芦合得紧沉沉。咔嚓一声断了蒂，好比断了脐带根。葫芦飘在洪水上，里有五龙来护身。洪钧老祖在蓬莱，只见一物起祥云。他把葫芦捞上岸，五龙逃去不见形。①

从“蛮夷”之地北传的盘瓠神话，也受到北方龙文化影响，盘瓠也成为龙犬，被描绘成黄龙。晋张华《博物志》引《徐偃王志》云：

> 徐君宫人娠而生卵，以为不祥，弃之水滨。独孤母有犬名鹄苍，猎于水滨，得所弃卵，衔以来归。独狐母以为异，覆暖之，遂烰成儿。生时正偃，故以为名。徐君宫中闻之，乃更录取。长而仁智，袭君徐国。后鹄苍临死生角而九尾，实黄龙也。偃王乃葬之徐界中，今见有狗垄。②

《博物志》所记载的犬为黄龙，伏羲和女娲也是龙（蛇）身。《帝系谱》曰：“伏羲人头蛇身。”③ 全国各地多伏羲和女娲交尾的画像砖。《述异记》记载：“吴楚间说：盘古氏夫妻，阴阳之始也。”④ 班固《汉书·地理

① 胡崇峻搜集整理《黑暗传》，第136～138页。

② （晋）张华原著、祝鸿杰译注《博物志全译》卷七《异闻》，贵州人民出版社，1992，第172页。

③ （唐）欧阳询撰、汪绍楹校《艺文类聚》卷十七《人部·头》，第311页。

④ （梁）任昉撰《述异记》卷一，第1页，又见袁珂、周明编《中国神话资料萃编》，第7页。

志》指出："本吴、粤与楚接比，数相并兼，故民俗略同。"① 故整个长江中下游乃至楚地圣地巫山文化民俗大略相似，彼此相互影响，文化随着长江交通而流播。

班固《汉书·地理志》记载，楚地"信巫鬼，重淫祀"②，这在今天湘西保留最多，而在明代，整个湖南都十分相信鬼神。明代《五杂组》记载："洞庭有神鸦，客帆过必飞噪求食，人以肉掷空中哺之，不敢捕也。楚人好鬼，罗愿云：'岳阳人以兔为地神，无敢猎者，又巴陵乌绝多，无敢弋。'其语信矣。"③ 今湖南传有"湘西赶尸"、种蛊等民间传说，实是古"信巫鬼，重淫祀"之遗风。而盘古神话和盘瓠神话在峡江交汇，在"信巫鬼，重淫祀"文化的影响下，峡江两岸及其周边多盘古信仰就不足为怪了。

在神话体系中伏羲和女娲都是龙身，故神龙架可能受到盘古神话的影响，尤其是《黑暗传》的影响，指的是始祖居留之地。巫山是楚文化的圣山，就是楚人心目中的"昆仑山"。例如明范守道《神女考》指出："其后宋玉言于襄王，王不能访导，要以求长生，筑台高阳之馆，作阳台之宫以祀之。宋玉作赋，寓情荒淫，高真上仙（巫山神女），岂可诬而降之也？"④ 楚地出现《楚辞》和《高唐赋》、《神女赋》不是偶然的，鄂西为楚国发源地，而盘古文化富集也是有其文化背景的。

如王逸注《楚辞》卷二《九歌》曰："九歌者，屈原之所作也。昔楚国南郢之邑，沅湘之间，其俗信鬼而好祠（祀）。其祠必作歌乐鼓舞以乐诸神。屈原放逐，窜伏其域，怀忧苦毒，愁思沸郁。出见俗人祭祀之礼，歌舞之乐（音岳），其词鄙陋，因为作九歌之曲，上陈事神之敬，下见己之冤结。"王逸这些话是妥当的。⑤

---

① （汉）班固撰、（唐）颜师古注《汉书》卷二十八下《地理志第八下》，中华书局，2013，第1668页。

② （汉）班固撰、（唐）颜师古注《汉书》卷二十八下《地理志第八下》，第1666页。

③ （明）谢肇淛撰《五杂组》卷九《物部一》，第176页。

④ 四川省巫山县志编纂委员会编纂《巫山县志》卷三十四，四川人民出版社，1991，第685页。

⑤ 王泗原：《楚辞校释》，人民教育出版社，1990，第210页。

翁银陶考证《山海经》是出自楚人楚地，理由是楚盛巫风与《山海经》描写巫术相同；《山海经》与楚方言、楚辞特有的修辞和楚辞神话相合者极多；《山海经》不仅对楚地的山水叙述详尽，而且其中关于四方山水异国的描写等都是以荆楚为中心布列的；对楚地山川、楚地之神及与楚有关的人物特别推崇；推崇楚帝后等。① 杨兴华先生认为《山海经》有崇日倾向，其中尊凤贬龙和对楚族祖先的崇拜等与楚地风俗一致，因此楚人作《山海经》之说是可信的。②

《高唐赋》和《楚辞》出自楚地，为楚人所作无疑。《山海经》也为楚人作，或出自楚地，或出自巴楚同风的巴蜀之地，故这些神话都是同源、一脉相承的。《山海经》是研究巫山神女的基础性史料，《山海经·中山经》所载“䔄草神话”被诸多学者认为是巫山神女文化的源头和萌芽。③ 巫山神女神话和女娲神话合流，也加速了盘古神话的流播。《楚辞·九歌》开篇为《东皇太一》，是《九歌》第一（祭祀）歌，宋玉《高唐赋》里也说及“礼太一”，可证楚国确祀东皇太一。《史记·封禅书》《汉书·郊祀志》均言太一最贵。④ 而神龙架、巫山地名本身就具有神话意义，在三峡，“神龙”就是盘古夫妻或伏羲和女娲的混合体，三峡诸多神话源于神龙（盘古、伏羲和女娲），而与神农无涉。从这些地方流播盘古神话中也可以看到其地名文化信息。

（三）峡江多盘古庙地名示例

盘古文化不是某地独有，皆因盘瓠和盘古文化是流播的。我们坚持其流播核心区域在华夏和“蛮夷”交汇之地，春秋战国的楚国本身就是“蛮夷”的一部分，随着华夏文化南移，“蛮夷”则退缩到峡江以南。故今天峡江以

① 翁银陶：《〈山海经〉产于楚地七证》，《江汉论坛》1984 年第 2 期。

② 杨兴华：《从祖先崇拜和楚俗看〈山海经〉作者的族别》，《赣南师范学院学报》（社会科学版）1997 年第 1 期。

③ 连镇标：《巫山神女故事的起源及其演变》，《世界宗教研究》2001 年第 4 期；邓元良、向承彦等：《名城巫山·文化史话》，中国文联出版社，2007，第 2～4 页。

④ 陈子展撰述《楚辞直解》，复旦大学出版社，1996，第 462 页。

南是盘古（盘瓠）文化的流播核心区域之一。

先看楚地中下游流播的盘古地名。《中国古今地名大辞典》记载，盘固山“在江西会昌县东南一百二十里。亦名盘古山”[①]。松滋县盘古山，“相传，山上原有天梯登天，乃盘古开天之地”[②]。汉寿县大南湖农场盘古洲，“相传此洲是洞庭湖西汉围垦较早的一处，故以盘古开天辟地之义，名盘古洲”[③]。这些长江中下游的盘古地名更多的是文化传承性质，不具有文化中心地位，而以夷陵为中心背靠神农架的峡江两岸具有盘古文化中心的地位。

以同治《宜昌府志》所界定的政区，宜昌是楚文化核心文化区之一，孕育了伟大的诗人，宜昌也是西入巴蜀、南入“蛮夷”的孔道，故该地域的盘古文化最为集中。其他地域，一个《府志》出现一两个盘古地名就不容易了，但宜昌出现了很多相关地名。

如同治三年《宜昌府志》记载，东湖（今宜昌）盘古庙“一在樟村，一在纸坊铺”[④]。这里记载了两个旁庙。宜昌上洋公社（乡）（今与小峰一起合并为黄花乡）盘古庙，“以庙起名”[⑤]。《宜昌府志》卷十五《寺观志》记载兴山县有盘古庙。另外，兴山女娲庙“在仙侣山下，咸丰八年建修”。[⑥]盘古庙和女娲庙同时产生也是合情合理的。远安县望家乡盘古庙，“古人在此修一庙，后人命为‘盘古庙’（现已毁）。村以庙为名”[⑦]。远安、宜昌都有嫘祖庙体现了峡江神话时代神话人物的富集，文化积淀的深厚。

地靠神农架巴东罗古寺，“在治西南四百二十里罗古溪，废”[⑧]。该处疑

---

① 臧励和等编《中国古今地名大辞典》，商务印书馆香港分馆，1931，第1183页。

② 松滋县地名领导小组办公室编《湖北省松滋县地名志》，1983，内部资料，第604页。

③ 汉寿县人民政府编《湖南省汉寿县地名志》，1983，第194页。

④ （清）聂光銮等修，王柏心等纂同治三年《宜昌府志》卷四，台北：台湾成文出版社，1970，第162页。

⑤ 宜昌县地名领导小组编《湖北省宜昌县地名志》，1982，内部资料，第123页。

⑥ 宜昌市档案局档案馆、宜昌市地方志办公室整理编辑《宜昌府志》卷十五《寺观志》，第1098页。

⑦ 远安县地名领导小组编《湖北省远安县地名志》，1982，内部资料，第39页。

⑧ 宜昌市档案局档案馆、宜昌市地方志办公室整理编辑：同治三年《宜昌府志》卷十五《寺观志》，第1098页。

似为盘古庙。巫溪县金盆乡山王庙，"这里曾有一庙，供奉盘古氏，故名"①。巫溪县建楼乡禹王庙，"以一庙供奉夏禹王得名"②。宜昌、兴山、远安、重庆巫溪都地近神农架，都分布在峡江附近。

湘西和鄂西南也有盘古文化流播，如鄂西南宣恩县高罗集乡盘古庙，"此地过去一庙叫盘古庙，苗人祖先庙，村以此得名"③。湘西保靖县清水公社盘古坡，"山上有一盘山小路，山顶有一古庙，故名"④。

渝东南也有盘古文化，尤其是产盐的彭水，如彭水碗子水，"盘古河的槽口上端有一岩泉，仅能容水一碗，故名"⑤。武隆芙蓉江"长 140 公里。亦称盘古河，源于贵州。流经我县浩口、贾角山、江口公社后，汇入乌江"⑥。

学者指出"人类文化，总是从产盐地方首先发展起来"。人类逐水与盐而生，"并随着食盐的生产和运销，扩展其文化领域。文化领域扩展的速度，殆与其地理条件和社会条件是否有利于食盐运销的程度成正比例。起码，在十七世纪以前，整个世界历史，都不能摆脱这三条基本规律"⑦。进入文明时代，中国各地古文明如满天星辰，在各地生成，与各地文化所在地有自然可取的盐业资源有紧密关系。巫溪产盐，彭水产盐，两地都产盐泉，在古代煮熬方便，而巫溪盐业经过长江和神农架陆路扩散到各地。如《三峡通志·守江集议下》记载："宋咸平五年，施蛮数扰，召问巡检使，侯廷赏对曰：'蛮无他求，唯欲盐耳。'因诏夔州路转运使丁谓与之盐，诸蛮咸悦，相约不为寇钞。"⑧

宜昌为巴蜀，尤其巫溪盐业转输之地，许多"蛮夷"之盐通过宜昌峡

① 巫溪县地名领导小组编印《四川省巫溪县地名录》，1982，内部资料，第 153 页。

② 巫溪县地名领导小组编印《四川省巫溪县地名录》，第 176 页。

③ 湖北省宣恩县地名办公室编《湖北省宣恩县地名志》，1983，内部资料，第 236 页。

④ 保靖县人民政府编印《湖南省保靖县地名录》，1982，内部资料，第 351 页。

⑤ 彭水县地名领导小组编印《四川省彭水县地名录》，1984，第 279 页。

⑥ 武隆县地名领导小组编印《四川省武隆县地名录》，1985，内部资料，第 258 页。

⑦ （晋）常璩撰、任乃强校注《华阳国志校补图注》，第 52 页。

⑧ 蓝勇主编《稀见重庆地方文献汇点》（上），万历《三峡通志》卷五《附录·守江集议下》，第 158 页。

江转运，而峡江本为“蛮夷”之地、盘古文化和盘瓠文化交汇之地，这更大大提升了峡江，尤其夷陵的商贸转输和文化流播地位。

宜昌在开埠后设有海关，为收税之用，历代进入四川的商旅，要在宜昌（古峡州）或归州检查官文，方可入川或进入武陵腹地。《三省边防备览·水道》记载：

> 川江险滩鳞次相连，其著名者报部有案，各滩设有救生船，以备不虞。云贵运、京运、楚铜、铅船只例由泸州铜店上兑至重庆府，齐帮川东道盘验、开行、护送至楚境，每起船二十三只，共须桡夫、船户约计千人，沿途州县于铜铅船入境，必派拨兵役护送运员，将所执兵牌送至州县署，粘贴印花，以昭慎重。①

此为自上而下的商旅，明清时期盘查和行踪备案十分完备，商旅并不是随意可以出川、入川的。例如，“由巫山入川境至成都，沿岸设有水卡，卡相距十五里。各州县视江程远近，设卡十数处、二十余处不等，每卡安夫役二名稽防，夫役工食皆卡中所用，旗锣由州县捐给捐制，每年川东道委员查卡十次，省中委员查卡一次，晓谕往来船只停泊水卡，以疏虞然”②。自巴东到宜昌峡江段也如四川川江段一样，设有水卡。

三峡不仅是水道，陆路也不少，自古各陆路是古盐道，如房县闹花园，“据传，清时为古盐道，有一饭店，盐客多于此歇宿，因生意兴隆，犹如闹市，故名”③。房县背垭子，“原为古盐道，早年背盐的商客常在此休息，故名”④。当阳县上交盐寺，“村前原有寺庙，贩盐的商人均在此成交，与附近的下交盐寺相对称，故名”。下交盐寺，“村前原有寺庙，贩盐的商人均在此成交，与附近的上交盐寺对称，故名”⑤。正常的受国家管控的贩盐是被

① 蓝勇主编《稀见重庆地方文献汇点》（上），《三省边防备览》卷五《水道》，第314页。

② 蓝勇主编《稀见重庆地方文献汇点》（上），《三省边防备览》卷五《水道》，第315页。

③ 房县地名领导小组办公室编《湖北省房县地名志》，1984，内部资料，第319页。

④ 房县地名领导小组办公室编《湖北省房县地名志》，第451页。

⑤ 当阳县地名领导小组编印《湖北省当阳县地名志》，1982，第67~68页。

允许的，私盐则是严查之列。如宜昌县查盐山，“据说从前有个走私盐贩子在此山被查获，故名查盐山”①。有盐就有商贸，就有文化流播。

四川盐业发达，长江中下游许多地方靠川盐供应，如清湖北省竹孙氏《荆沙竹枝词》描写道：“官如二府最安然，租得民房在市前。除却川盐无别事，衙门散淡似神仙。”

清乾隆湖北长阳诗人彭淑《长阳竹枝词》描写的“骡马驮来长乐酒，扁担挑卖巫山盐”之句，记叙了长阳依赖川盐的情景，这里贩卖的估计为私盐。四川盐业东输，多顺川江而下，故清洪良品描写了以盐业为主体的蜀楚贸易：“赤甲山头云气开，蜀盐川锦截江来。一帆载过夔门去，白镪高于滟滪堆”。由此可见蜀楚盐业贸易之盛。而川地煮盐致富者众，楚地从事盐业贸易致富者也甚众，清叶调元《汉口竹枝词》描写道：“上街盐店本钱饶，宅第重深巷一条。盐价凭提盐课现，万般生意让他骄。”另有“一包盐赚几厘钱，积少成多累万千。若是客帮无倒账，盐行生意是神仙”。这些竹枝词均指出了川（巴）盐对楚人生活的影响。盐业和其他产业可以为人们提供求生之道。

神话生存也需要经济基础，鄂西和渝东盐业文化发达，峡江又是“蛮夷”和华夏文化边界地，这些文化和政治因素造就了峡江两岸今天盘古文化的富集，而夷陵是防蛮之地，其成为峡江盘古文化保存和传承最为集中地域之一，神农架或神农山与神农氏无涉，指的是盘古、伏羲和女娲混合的“神龙”，峡江“神龙”文化也是盘古和盘瓠文化交融的结果。

① 宜昌县地名领导小组编《湖北省宜昌县地名志》，1982，内部资料，第267页。

《三峡文化研究》第 15 辑
第 044 ~ 062 页

宜都文化遗产类型特征及保护利用

肖 竹 黄柏权*

摘 要： 宜都特殊的地理位置和人文环境，保存了历史时期的文化遗产，包括早期人类遗址、地名文化遗产、线路文化遗产、农业文化遗产、水利文化遗产、工业文化遗产、商业文化遗产、非物质文化遗产等。宜都文化具有历史悠久、崇尚自然、包容开放、勇于创新等特征。宜都境内存留的文化遗产资源是建设文化宜都的基础。就当下来说，要在提炼文化精神、强力推进文化遗产保护、引导传统文化回归民间、发挥文化品牌效应、激发文化内生动力等方面用力，以推动宜都高质量发展。

关键词： 文化遗产 非遗保护与利用 宜都市

宜都位于湖北西南部，长江中游南岸。清江与长江在宜都陆城交汇，交通便利；地处鄂西南山地与江汉平原过渡地带，史载“山川扼要，雄踞上游”，“盖荆州控制巴蜀，为全楚咽喉，而宜都锁钥荆南，又荆州之颌颏也”①，历来为兵家必争之地；宜都也是汉族与西南少数民族的交汇地带，《宜都县志》记载：“宜都阻江为险，西南接壤土蛮。”② 其自古就是各类族

* 肖竹（1989 ~ ），女，湖北大学档案馆馆员，主要研究方向为地方档案和民族文化；黄柏权（1962 ~ ），湖北大学历史文化学院教授、博士生导师，主要研究方向为南方民族历史文化和地方史志。

① 咸丰己未年重刊康熙三十六年校注本《宜都县志·民卫志》，湖北人民出版社，2013，第 81 页。

② 咸丰己未年重刊康熙三十六年校注本《宜都县志·舆地志》，第 39 页。

群迁徙流动的走廊，多种文化在此碰撞交流。正因为此，宜都的土地上留有类型多样的文化遗产，这些文化遗产成为宜都发展的重要资源。

一　宜都文化遗产资源

（一）早期人类文化遗址

宜都处于山地与平原的接合部，长江和清江沿岸有许多冲积扇地，土壤肥沃，野生动植物丰富，特别适宜早期人类生存繁衍。因此，在宜都境内发现了许多早期人类文化遗存，最为典型的是城背溪文化遗址和红花套遗址。

1. 城背溪文化遗址

城背溪文化因20世纪80年代最先发现于湖北宜都城背溪而得名。遗址主要分布在鄂西山地和江汉平原的交接地带，多位于长江及其支流清江两侧的一、二级阶地上。城背溪文化的陶器器类比较简单，呈现一种原始、古朴之风。石器以打制为主，局部采用磨制方法，一般就地取材于遗址附近河漫滩上的鹅卵石。骨器有骨针、骨锥、骨铲、骨片等。还发现了水稻和稻草的碳化物。经过调查的遗址有40余处，主要有湖北的城背溪、枝城北、金子山、青龙山、孙家河、朝天嘴、柳林溪、窝棚墩、路家河，湖南的皂市、彭头山、胡家屋场等。其年代在距今8000～7000年前。杨权喜先生根据城背溪遗存的特点和碳14年代测定认为，其年代可溯至8500年前。城背溪文化是江汉地区目前发现的最早的新石器时代文化，也是我国已知较早的新石器时代文化之一，它的发现填补了长江中游地区新石器时代较早阶段的文化空白，对探讨长江流域的古代文明、研究长江中游地区的新石器时代文化具有十分重要的意义。① 卢德佩先生认为，城背溪文化遗存是鄂西地区，也是长江中上游地区新石器时代早期文化遗存，是近年来我国考古的又一新发现，也是长江流域新石器时代早期考古的重大突破，特别是对探讨大溪文化的起源具有

① 杨权喜：《试论城背溪文化》，《东南文化》1991年第5期。

十分重要的价值。因此，城背溪文化遗存的发现，其意义是不可低估的。①

2. 红花套遗址

红花套遗址位于宜都市红花套镇红花套村，是长江中游重要的新石器时代环壕聚落。1973～1977年5次发掘共揭露面积2825平方米，发现了大量大溪文化中晚期的祭坛、水稻田、居住区等遗迹。红花套遗址等级遗迹齐全，在湖北省范围内绝无仅有，表明当时的社会分层已经形成。红花套遗址出土的石器表明该地曾是长江中游的石器制造中心，所出土的“中国石斧之王”被中国国家博物馆收藏。

张弛、林春对出土的器物进行深入研究后认为，红花套发掘出土的13000余件石制品中的大多数属于各种石料、石器废料和石器残次品，石器成品数量并不多。其中，石器成品有斧、锛、凿、钺、铲、圆盘形器、穿孔小锛、盘状器、砍砸器、切割器、尖状器、镞、纺轮、璜和玦等几类。数量最多的是斧，其次为锛和凿，再就是铲、钺、穿孔小锛，圆盘形器也有一定数量。其他器类的数量不是很多，各占不到1%。还有加工石器的工具，包括大量的石锤和一些石砧和砥石。这些石器的种类和组合是整个峡江地区新石器时代晚期石器类型的代表，同时与西南乃至岭南地区同时期的石器工业产品也有联系。从各种石器废料和石器残次品的情况看，红花套石器的制作技术主要是打、琢和磨三种。这样的技术是中国新石器时代以河流卵石为石料，不采用切割工艺所能够达到的最高和最复杂的工艺水准。红花套石制品的数量巨大，有制作石器各个步骤留下来的废料和残次品。因此，石器制作是当时整个聚落普遍的产业。这为研究峡江地区新石器时代石器生产模式提供了宝贵资料。②

此外，在宜都境内还发现了新石器中期遗址孙家河遗址、新石器时代晚期遗址石板巷子遗址，以及蒋家桥遗址、王家渡遗址、花苗堤遗址、茶店子遗址等。

① 卢德佩：《宜昌新发现的城背溪文化遗存》，《宜昌师专学报》（社会科学版）1995年第1期。

② 张弛、林春：《红花套遗址新石器时代的石制品研究》，《南方文物》2008年第3期。

（二）地名文化遗产

地名承载着一个国家、民族、群体的历史文化记忆，蕴含着人类与山川河流的密切关系，是人类对周围自然环境认识的结果，也是人与自然相互关系的标识。地名文化一般由历史文化、地理文化和乡土文化构成，是文化遗产的重要组成部分。历史文化记录了一个地区开发和发展过程中重要的历史文化记忆，地理文化反映一个地区的地貌特征、自然资源、自然景观等，乡土文化蕴含了一个地区风土人情、衣食住行、人生礼仪、节日庆典等内容。宜都从西汉武帝建元六年（公元前 135 年）建县，至今已有 2000 多年的历史。“宜都”本身就是具有深刻含义的地名，有“适宜建都”的意思。在历史长河中，宜都留下了诸多具有历史文化意蕴的地名，如陆城、荆门山、虎牙山、大梁山、宋山、大江、夷水、丹水、汉洋河、仙女井、五眼泉、潮音洞、红花套等，这些地名，除陆城、红花套以外，在康熙《宜都县志》中都有记载。康熙《宜都县志·舆地·山川》记载了 21 座山、4 条河流、2 个湖、3 口井、4 眼泉、14 条溪、7 个洞，这些地名大多存留下来，多成为今天的旅游景点。1982 年宜都县地名领导小组编写的《湖北省宜都县地名志》收录了各类地名 2281 条，明清时期形成的老地名基本保留下来，成为历史的永久记忆。当然，随着历史的发展，不断产生了一些打上历史烙印的新地名，如陆城城区的临苏巷、桥河巷、燕子岩、宜红街、城乡路、工农路等。无论是老地名，还是新地名，都成为宜都地名文化的一部分，是文化遗产的组成部分。

（三）线路文化遗产

志载：“宜当楚蜀通衢，水陆孔道，艨艘轮蹄，往来络绎。”[①] 宜都是江汉平原进入武陵山区和大西南的必经之地，成为人流、物流流动的通道，因而留下了线路文化遗产。

① 咸丰己未年重刊康熙三十六年校注本《宜都县志·经制志》，第 75 页。

1. 陆路古道

宜都境内的陆路古道是武陵山区土特产品出口的必经之道。宜都因为处于清江与长江交汇处，自古就是江汉平原进入武陵山区的门户，是土司时期容美土司到京师进贡和销售土产的重要集散地和对外运输的转运站。在货物运输过程中，宜都境内形成了几条重要的运输路线，根据调查，目前发现的陆路古道有南北两条。南路从枝城码头出发，经过西门—同心桥—杨轿子—石门坎—大水桥—黎家坪—高桥—柳树河—王家畈—田河—龙潭河—白马溪—何家湾—绿竹溪—全福河—分水岭—棕木滩—渔洋关。康熙年间顾彩进入容美土司大致走的是这条路线。在这条古道上的枝城镇余家桥村发现了明朝万历辛亥岁（1611年）的修路碑，这是这条古道上目前发现的最早的修路碑。在宜都市王家畈镇白玉垴村保留的漆树坳古道，全长300多米，由青石板铺成，掩映在竹林中。锯木岭古道，连接渔洋关和全福河，在这条古道上发现了公记2号老屋、公安济众桥、同心客栈等历史遗迹。

根据笔者田野调查，北路从陆城出发，经过过路滩—胡家河—和尚岩—小麻林—大麻林—余家屋场—庙滩子—谢家祠堂—聂家河—谢家洞—牛鼻洞—张家洞—熊渡—叶家湾—雷打坑—潘家湾—鄢家湾—栗树垴—凉水井—马勒坡—母子桥—桥河—渔洋关。这条古道上保存完好的有栗树垴古道，全长约3000米；熊渡段古道约2000米；大麻林、小麻林古道段，约3000米。宜都境内的这些陆路古道是五峰、长阳、鹤峰等鄂西南地区茶叶及其他土特产品外运的重要通道。

2. 水运文化遗产

宜都境内的水运通道主要有渔洋河、清江、长江。渔洋河发源于五峰与长阳交界处的雪山尖，干流全长97.7公里，在宜都境内流程55公里，从五峰渔洋关到宜都陆城段可以通行小船，当地人称为“摇摆子”船，载重3～4吨，民国时期，涨水季节渔洋河上的小船多达200艘。民国至20世纪50年代初，鹤峰、五峰和石门的部分茶叶，通过陆路运输集中到渔洋关后，大部分通过渔洋河转运到宜都陆城。清江发源于利川，全长400多公里，在宜都境内流程41公里，是鄂西南地区木材及其他物资运输的又一水路通道。长江在宜都境内从虎牙滩入境，经陆城、枝城，过洋溪进入松滋，在宜都境内流程 46 公里。鄂西南山区的山货在陆城集中后，通过长江外运，外面的物资经长江运输到陆城，然后转运到鄂西南山区。因此，宜都陆城成为鄂西南物资运输的重要中转地。在航运过程中，形成了与之相关的水运文化，如各类船只的打造及其习俗，航行、放排技艺及其习俗，船工的信仰习俗，船工号子，码头，与水运有关的庙宇等。如聂家河镇、陆城的清江沿岸、枝城等地都保留了码头的痕迹，在聂河边保存的码头和拴缆绳的石孔清晰可见。在陆城清江沿岸有水府庙码头、燕子岩码头、桥河码头（俗称“洋码头”），这三个码头是在清末民初从渡口发展而来。在枝城的长江边还保存了古老的码头和上下码头的石阶，在枝城镇小东门码头，建于民国 23 年（1934 年）、24 年（1935 年）的《建修江岸碑记》及功德碑还清晰可见。

（四）农业文化遗产

由于宜都位于山地与平原交会处，地形地貌多样，气候温和，适合各类动植物生长，植物资源十分丰富。康熙三十六年《宜都县志》记载各类物产 378 种，其中，植物 243 种、动物 135 种。宜都柑橘已经特别列出。民国 9 年《宜都乡土调查志》更是详细记录了各类动物、植物、矿物、特产。从地方志记载可以看出，宜都柑橘历史悠久，至迟在清康熙年间就很有名。宜都是农业部农业区划的宽皮柑橘生产优势区域，宜都蜜柑 2002 年曾被评为湖北省十大名果之一，果品远销到俄罗斯、加拿大、东南亚，橘瓣罐头出口到美国、日本、欧盟。宜都茶叶种植历史悠久，历史上有明月茶、大风口茶等。民国以来，宜都是宜红茶的核心产区。2017 年“宜都宜红茶”获得欧盟地理标志产品认证，在中国和欧盟首批互换认证的 100 个地理标志产品中，宜都宜红茶是湖北省唯一一个茶叶品牌。宜都蜜柑、宜都红茶等是宜都农业文化遗产的代表。徐荣耀搜集整理的《宜都土特产故事》收录了 10 个关于柑橘的故事、11 个关于茶叶的故事，表明柑橘和茶叶已经深深地融入当地人民生活，成为民众生活的组成部分。

（五）水利文化遗产

自从大运河申报世界文化遗产成功以后，水利文化遗产引起了学术界和政府的高度关注。由于我国是农业大国，在水利建设和水利管理过程中，留下了丰富的水利文化遗产。在宜都也留下了许多水利文化遗产。我们翻开康熙《宜都县志·水利志》就会发现水利对宜都这样依山傍水的地域极端重要，该志记载："宜都襟岷水，带清江，水虽大，皆无济于畎亩，惟陂泽塘堰，民实赖之。"宜都虽然有长江、清江这样的大江大河，但民众主要依赖的是人工修筑的塘堰，康熙《宜都县志·水利志》记载了陂塘37处，其中有2处是明朝洪武二十七年（1394年）工部督修，4处为明成化年间修筑，其余为明朝弘治、正德年间修筑。该志还记载："宜邑陂塘之外，或滨江，或沿溪，凡水之落岸不甚下者，皆可坝可闸，资为旱备，利与陂泽同。"①由此可知，明清时期，宜都境内还修了许多小坝和水闸，用于农业灌溉。明清时期修建的这些水利设施基本不复存在，但其作为水利文化遗产被记载下来，成为那个时代人们利用水利的见证，反映了当时的生产力水平和利用水利的能力。此外，康熙《宜都县志·水利志》还记载了清江口、白洋渡等5处渡口和朝天桥、文峰桥等27处桥梁，这些工程也是宜都劳动人民利用水利的杰作。中华人民共和国成立以后，宜都修筑了红花套堤垸、枝城堤垸等一批堤垸，修建了向阳闸、东风闸等一批水闸，修建了白洪溪、九道河、大溪等一批大中型水库，修建了三等溪渡槽、白马潭渡槽等一批引水工程，还对渔洋河、龙潭河、大溪等河流进行梯级开发，修建了聂家河水电站、金涧水电站、金桥水电站、大溪水电站、八一水电站等一大批水电站，不少水利工程目前还在使用。无论是已经废弃还是仍然在使用的水利工程，都属于宜都水利文化遗产，是宜都人民利用水利、管理水利的见证。

① 咸丰己未年重刊康熙三十六年校注本《宜都县志·水利志》，第77~79页。

（六）工业文化遗产

近些年来，随着工业化步伐的加快，工厂及其设备更新换代日新月异。为了保护近代以来的工业遗产，国家文物部门及工信部采取果断措施，强化对工业遗产的保护。目前工信部已经公布了2批工业文化遗产。宜都有建立工厂、集中加工的传统，早在新石器时代，宜都红花套一带就出现了峡江至江汉平原一带最大的石器加工厂。这一传统为宜都人所继承弘扬。在工业生产过程中，留下了不少工业文化遗产，如宜都红茶加工厂及其设备，三线工业遗产388厂、288厂、238厂，以及焦柳铁路宜都段和枝城长江大桥等。这些工业文化遗产成为宜都工业发展的见证，无疑也是宜都文化遗产的组成部分。

（七）商业文化遗产

在商品交易和货物转运、储藏过程中，形成了许多商号、堆放货物的仓库、食宿的客栈、商人聚会的会馆、演出的戏台、具有地方色彩的庙宇等。这些要素构成商业文化遗产，也是一个地方商业发展的实物见证。根据笔者调查，宜都陆城还保存了较多商业文化遗产，这些商业文化遗产集中分布在陆城历史街区。陆城西正街以北、清江以南，有一片保存较完好的历史街区，在长江沿线城市中具有代表性。陆城历史街区主要由若干巷道组成。其一，水府庙巷。水府庙巷与水府庙码头相连，街长约200米，宽约2.5~3米，路面用石板铺成，还保留着一些旧木房。其二，燕子岩巷。燕子岩巷与燕子岩码头相连，街长约210米，宽约2~3米，路面用石板铺成，现存一栋两层木质结构旧房。其三，桥河巷。桥河巷与桥河码头相连，长约250米，宽约3米，路面用石板铺成，现有47户人家，还遗留着8座旧房，占地面积约1020平方米。其中，37号自道光年间建成后一直为李氏所有，至今仍在使用，保存完好。清末民国时期，李氏在此开过景泰恒杂货行，经营花、盐、食物及其他杂货等，门面后是仓库，用来存放棉花、布匹等。35号是天集庆茶行，主人姓名不明，经营茶叶生意，屋后即茶叶仓库。此街还有广生仁、戈恒泰、德顺祥等商铺。其四，邻苏巷。邻苏巷今归胜利社区管辖，是陆城保存最为完整的历史街巷之一，邻苏巷东与桥河巷相连，西背杨守敬故居，巷道大致呈南北走向，全长100余米。巷道现为水泥铺就，巷道宽窄不一，据当地居民曹礼清（1954年生）回忆，巷内水泥路下面原来是一条石板街。巷道两边现存清末民国时期历史建筑22栋，巷道原有茶馆、茶叶铺、文具店、盐局、米铺、客栈、瓷器铺等商铺，是清代至民国时期陆城最为繁华的商业区之一。当时陆城最大的茶商“同裕茶行”即位于巷道最南端，是鄂西南地区重要的红茶集散地。其五，唐家巷。唐家巷是清代至民国时期骡马店区域，整体保存较好。

在以上街巷都分布着各种各样的商铺。以桥河巷为例，1号、3号是范藤发开设的范影兴香铺，2号是樊姓开设的饭店和理发店，4号、6号是棉絮铺，5号是朱家的丝线铺子，7号、9号是杂货铺子，8号是“鼎泰恒”的丝烟铺，10号是秦记米铺，兼营修理钟表，14号是李姓经营的瓷器铺，16号是鲜于新记的亚细亚洋行，21号是豆腐店，22号是杨五的杂货铺，24号是窑货铺子，26号是米铺、理发店，30号是刘锦堂豆腐店，32号是蜡烛铺，31号、35号是瓷器铺子，37号是李姓经营的大信花行，43号经营窑货坛子，45号是杂货铺子，47号是船业工会。① 以上各类商铺构成完整的商业网络，形成特有的商业文化，街道和房屋基本保存下来，为我们了解清末民初宜都商品经济提供了实物依据。

（八）非物质文化遗产

在宜都的土地上，经过历代人民的创造和传承，形成了极具特色的非物质文化遗产，并活态地保存下来。

1. 青林寺谜语

青林寺位于宜都高坝洲境内，是中国著名的谜语村。青林寺村民擅长制谜、猜谜，痴迷成风。青林寺谜语品类繁多，有物谜、事谜、字谜，数量很多，约有5000则。代表人物有赵兴寿、丁肃清等。近些年来先后编辑出版

① 李崇正访谈记录。2017年12月29日，桥河巷李崇正家。访谈人黄柏权、黄祥深、袁波澜，冯明整理。

了《青林寺谜语选》、《青林寺谜语选》（续编）、《青林寺谜语选》（精选本）、《青林寺谜歌选》、《中国湖北青林寺谜涪村》、《婚育新风谜语选》等，成立了青林寺谜语抢救保护组织。青林寺的谜语、谜歌已被全市中小学校列入乡土教材。2001 年 7 月，湖北省文联将青林寺村命名为“湖北省青林寺谜语村”；2002 年，青林寺村被湖北省文化厅授予“民间艺术之乡”称号；2003 年，青林寺村被中国民间文艺家协会命名为“中国谜语村”；2006 年，青林寺谜语列入国家第一批非物质文化遗产名录。

2. 民间故事

宜都民间故事内容丰富，流传面广。《中国民间故事集成·湖北卷·宜都分卷》搜集了 13 个乡镇 180 多位民间故事传承人讲述的故事。2000 年 5 月，宜都市被文化部命名为“中国民间故事之乡”；2004 年 11 月，宜都民间故事被纳入国家民族民间文化重点保护对象，《中国民间故事全书·湖北·宜都分卷》获得“屈原奖”。在宜都民间故事挖掘、整理过程中，退休干部徐荣耀做出了重要贡献。他在 50 多年的工作中，搜集整理了《杨守敬故事》《宜都地名故事》《陆逊故事》《汪莲故事》《宜都古树传奇》等 40 部民间故事，创作了 1000 多个故事作品，《杨守敬故事》英汉对照版获得中华大众文学奖，《宜都民间故事全书》获得中国民间文艺最高奖“山花奖”。

3. 民间吹打乐

宜都民间吹打乐是一种古老的民间音乐，有“吹奏乐”和“打击乐”之分。演奏乐器为鼓、锣、钹、唢呐、笛子、长号等；传统曲牌有 68 种之多，其中，“十番”“利胜令”“散花”“火爆头”“工尺字”等曲牌最为古老。宜都民间百姓办红白喜事，有请民间吹打乐手演奏乐曲的传统，所以吹打乐在全市流行，以松木坪镇最为有名，2009 年松木坪镇被湖北省民间文艺家协会命名为“湖北吹打乐之乡”。2011 年宜都民间吹打乐列入湖北省第三批非物质文化遗产名录。为了传承这一独具地方特色的民间艺术，彭世荣牵头成立了宜都民俗吹打乐队，并开展培训活动，培养传承人。

4. 宜都梆鼓

宜都梆鼓俗称“梆鼓子”，是湖北地方曲艺品种之一。宜都梆鼓是在当地薅草锣鼓的基础上，吸收了民间吹打乐元素，逐步发展演变而成的曲艺品种，流传于宜都各地，以王畈、姚店、红花、王池等地最为流行。其演唱形式可一唱到底，也可唱中夹白，还可唱、白、表、数兼而有之，并可与乐答问或由乐队帮唱等，形式比较自由。梆鼓音乐最初属音曲体变奏板腔式，1973 年以后才逐步向联曲体过渡，曲牌不多，现有“清江河”“唢呐调”“一枝花”“倒采茶”“平水调”“甩腔”“数板”等。演出时将木梆和书鼓一并固定在直立的鼓架上，演员持大、小两个木棒敲梆鼓表演，配唢呐、二胡、笛子、扬琴伴奏。宜都梆鼓无传统曲目，均为依曲牌腔调创作新曲目，如《唱红亮》《模范饲养员》《谢亲人》以及移植改编的曲目《军民鱼水情》《打虎上山》等。

此外，宜都还有渔鼓、宜都柳鼓子、滚灯舞、采茶舞、跳丧舞、地花鼓、打花鼓、三棒鼓等非物质文化遗产。

二　宜都文化的特征

具有地域特色的宜都文化是这片土地上的人民长期创造、积累、传承的结晶，与宜都特殊的地理环境和人民生产生活密不可分。宜都文化在传承、积累、发展过程中，不断吸收外来文化因子，通过充实丰富和完善，形成了自身的特征。

（一）历史悠久

宜都处于中国第二级阶梯向第三级阶梯过渡的地带，也位于中西接合部，自古就是江汉平原进入大西南的桥头堡，是东西南北各类族群的交汇点。众多民族在这里迁徙、停留、互动、繁衍生息，创造了悠久的历史和丰富多彩的文化，其文化呈现古老性、多元性特点。从古老性来看，最具代表性的是城背溪文化。宜都发现的城背溪文化，代表了湖北境内最早的原始文化，也是长江中上游地区已发现最早的新石器时代文化。城背溪文化集中分布在两大片区：一是清江与长江交汇地带，这一区域目前发现了 10 多处这类文化遗址；二是西陵峡周围地区，这一地区发现了 20 多处城背溪文化遗址，在宜昌200多千米的长江沿岸边发现了众多城背溪文化遗址，表明其地域性文化特征明显。杨权喜先生认为，“城背溪文化是我国目前发现的时代较早的新石器时代文化之一，它的发现填补了长江中游地区新石器时代较早阶段的文化空白，对于探讨长江流域的古代文明、研究长江中游地区的新石器时代文化具有十分重要的意义。城背溪文化与黄河流域新石器时代早期诸文化作比较，虽具有明显的地区差异，但总的文化面貌表现出许多共同的文化因素，所反映的社会水平不相上下，说明我国早在七、八千年前，在黄河、长江两大流域的广大范围内就已经出现了中国古代文化的明显的趋同性……它的发现及其分布的地理位置和年代的古远，在中国新石器时代考古中同样占有重要地位”①。城背溪文化在中国文明发展史中的影响远远超越其地域范围，它不只是湖北文明的源头，也是长江文明的源头。

（二）崇尚自然

宜都是一个“七山一水两分田”的地方，山川众多，河流密集，自然山水秀丽。康熙《宜都县志》记载：“宜邑襟山带江，峰回水抱，画屏横峙，云嶂千里，清浊同流，烟波万状，汪洋崒嵂，地设天开，不诚大观也哉。”② 秀丽的自然山水滋养了宜都地方文化，使宜都文化具有自然清新的韵味。其一，从物质文化看，宜都山水相间的自然环境，决定了宜都人对山和水同时依赖，宜都人的物质生活是一种复合型的生计方式。宜都的山地农业、江湖养殖业、水稻种植并行发展，从古至今一直延续。从生活方式来看，宜都山地居民靠山吃山，以山地农业、牧业、采集等多种经济方式为生计，出行时兴用背架和背篓；清江、长江边和湖边的居民，靠水吃水，多种植水稻和养鱼养鸭，依靠舟楫之便。其二，山水并重的生计方式，影响着宜都人的精神生活和文化走向。宜都的山水，造就了宜都人如山的性格，养成了宜都人直爽豁达的秉性。宜都人的性格有如大山一样的粗犷、耿直爽朗，

① 杨权喜：《试论城背溪文化》，《东南文化》1991年第5期。

② 咸丰己未年重刊康熙三十六年校注本《宜都县志·舆地·山川》，第36页。

也有水一般的灵秀和温柔。其三，众多山川河流，引发了人们对自然山水的崇拜。康熙《宜都县志》记载了风云雷雨山川坛、社稷坛、邑厉坛、乡厉坛、土地祠、东岳庙、水府庙、南岳庙、泰山庙、龙王庙、土谷神祠、神农庙、青冢庙、宇宙庙、红山庙、尖山庙等设置情况。① 众多自然神庙的设立表现出宜都人对大自然的敬畏与崇拜，是人们亲近自然、热爱自然的情感流露。其四，秀丽的自然山水演绎出诸多悲壮、美妙的故事。宜昌的山水，几乎每一处景观都有一个优美的故事，这些故事将山水拟人化、神秘化，使山水与人性融合，将人的想象和愿望寄托给山水，使人的精神与日月同辉，与山水同在。《荆门山的桔子》② 讲述了张飞与荆门山的故事；《大风口茶》③ 讲述了大凤与苦水凄美的爱情故事。其五，磅礴的自然山水吸引历代骚人墨客流连、驻足，创作了诸多名篇佳作。如袁山松的《宜都山水记》、王之栋的《山水记》、李白的《渡荆门送别》、杜甫的《荆门浮舟望蜀江》、陈子昂的《感遇诗》、李直的《荆门山》、李绅的《过荆门歌》等。袁山松在《宜都山水记》中描写道："宜都山，绝崖壁立数百丈，有一大烬插其崖间，望可长数尺。传云尧洪水，入泊船此旁，爨余，故曰插灶崖也。"王之栋的《山水记》更是把人带入桃源胜景，文中写道："从沧溪而进，别是一洞天，仲春时桃花盛开，春暮落花片片，点衣沾履。高岩远壑，苍松郁然，平畴旷野，飞楼跨之，而尖山飘遥在望。"④ 不得不佩服王之栋的文笔，只用700余字就将宜都境内的奇妙山水、自然人文惟妙惟肖地呈现给读者。李白的《渡荆门送别》写道："渡远荆门外，来从楚国游。山随平野尽，江入大荒流。月下飞天镜，云生结海楼。仍怜故乡水，万里送行舟。"其气势、其意境无人能比。宜都神奇美丽的山水还孕育了文学家王永彬、地理学家杨守敬等文化名人。其六，神奇的自然山水为多形式的艺术创作提供了土壤。依托宜都山水资源，历代艺术家进行了多种形式的艺术创作。城背溪陶器上的刻画符号，红花套遗址的多种石器加

① 宜都市党史地方志办公室整理《宜都县志》，湖北人民出版社，2013，第49~51页。

② 徐荣耀搜集整理《宜都特产故事》，中国文联出版社，2006，第9~10页。

③ 徐荣耀搜集整理《宜都特产故事》，第31~34页。

④ 咸丰己未年重刊康熙三十六年校注本《宜都县志·艺文志》，第162页。

工工艺，乃至流行于宜都的薅草锣鼓、民歌等，无不是山与水的颂歌。即便是今人创作的《清江清长江长》等作品也离不开宜都的山水。自然山水始终是宜都文化传承和创新的源泉，是宜都文化的灵魂所在，是宜都人永远忘却不了的情怀。

（三）包容开放

万里长江从三峡奔出，在宜都荆门山突然放慢脚步，缓缓地流进江汉平原，以其广阔的胸怀接纳各方河流。宜都地处中华腹地，历来是承东启西的文化节点，是多种文化交融聚会的地方。史前，是城背溪文化、大溪文化、屈家岭文化、石家河文化继承和相互影响的核心区域；夏商周时期，是三苗文化、百越文化、楚文化、巴文化、中原文化交汇和融合的场域；春秋战国时期，主要是楚文化和巴文化碰撞、交流的战场；汉晋南北朝时期，是楚文化、“蛮左”文化继续碰撞与交融的通道；唐宋时期，是本土文化与中原文化交流交融的走廊；元明清时期，是地方文化与土司文化、移民文化深度融合的熔炉；近代以来，是本土文化与西方文化、主流文化碰撞裂变的大舞台。宜都基于特殊的地理位置，历来以包容的气度，开放的精神学习、吸收、接纳各方文化。这种开放、包容的气度，从早期文化孕育开始，不断发扬光大，成为宜都文化创新发展的内在动力。

宜都文化的开放包容体现在以下方面。首先是对外来文化的大胆吸纳借鉴。早在史前，宜都文化就与外地文化有了交往。城背溪文化就开始吸纳周边的文化。属于大溪文化的关庙山、红花套等遗址发现的圆点钩叶纹、花瓣纹彩陶罐，垂幛纹彩陶钵片，双唇小口尖底瓶等，是仰韶文化庙底沟类型影响的实物例证。[①] 春秋战国时期，宜都是巴文化和楚文化的交汇地。三国时期，宜都是魏蜀吴交战的地方，在交战的同时，也带来了东西南北文化的交流。魏晋时期，“宜都蛮”受“蛮左”文化的影响，丰富了宜都文化的内容。唐宋时期，旅居宜都的骚人墨客络绎不绝，不仅创作了大量的作品，也

① 陈文武、骆燕燕：《简析大溪文化彩陶艺术》，《三峡大学学报》（人文社会科学版）2005年第2期。

给宜都文化注入了新的活力。明清时期，随着移民大潮，学习和借鉴外地文化渐入佳境，最为典型的事例是容美土司田舜年与著名剧作家顾彩以今天的枝城作为据点的交往。近代以来，宜都作为转运码头和转运港口，在接纳各方人士的同时，接纳了民主、进步的思想以及西方文化，这些新思想、新文化给宜都人的思想文化、生活方式带来了深刻的变化，宜都人民不仅参加了反洋教运动、辛亥革命、保路运动、抗日战争，还接受了新的生活方式和观念。杨守敬、曹廷杰、刘真、贺炳炎等都是在外来文化影响下走出宜都，成就了事业。中华人民共和国成立后，宜都人以宽广的胸怀、宏博的视野，抓住了多次发展机遇。1951 年，中国茶叶总公司在宜都投资 8 亿多元建立宜都红茶厂，不仅为宜都的现代工业奠定了坚实的基础，更重要的是把现代理念引入宜都，为其后续发展奠定了思想基础。20 世纪 50～60 年代三线建设时期，宜都接纳了 288 厂、238 厂、388 厂等军工企业，进一步推进了宜都的工业化进程。改革开放后，宜都又接纳了宜化、兴发、东阳光等大中型企业，为进入全国百强县市打下了基础。

其次是对外文化“走出去”。开放的胸怀和气度从来就是双向的，文化交流也是双向的。宜都文化输出开启于史前，宜都城背溪文化是湖北境内最早的新石器文化，深刻影响着荆楚文化后来的发展和走向。清末民初，杨守敬把中国书法艺术和书法理论传播到日本，对日本书道艺术起到极大的推动作用，他被日本人誉为“近代日本书道之祖”。宜都文化“走出去”至今仍在延续，如将青林寺谜语、《清江清长江长》等文化作品推向全国，在全国产生了极大的反响。

（四）勇于创新

勤于探索、勇于创新是宜都文化的核心理念，是宜都文化的精髓所在，是宜都发展的精神动力。自屈原写出“路漫漫其修远兮，吾将上下而求索”千古绝句起，它就成为宜都人不懈追求的目标，成为宜都人奋勇前行的座右铭。“求索”作为一种精神和价值理念从产生的时候起就被赋予了探索真理、敢为人先、追求革新、不断进步等内涵。在宜都这片土地上，探索真理、敢为人先、追求革新、不断进步的事例数不胜数。考古发掘证实城背溪文化遗址出土的水稻花粉与现代水稻花粉特征一致，说明距今8000年前的城背溪文化已经有了人工栽培稻，这是目前世界上最为古老的人工培植水稻之一。红花套遗址的人们在6000多年前利用当地的石材进行集中加工，利用当时最先进的生产工具和技术加工石器，使红花套成为当时的区域性石器加工中心。清末民初，国学大师杨守敬，不因循守旧，在前人研究考证的基础上，完成了《水经注疏》这一伟大的历史地理学著作，《清史稿·杨守敬传》称“其学通博，精舆地，用力于《水经》尤勤”。曹廷杰不惧艰险，勘察祖国东北边疆，积累了第一手资料。贺炳炎、刘真等对共产主义的追求，李启斌对天文学的追求无不体现出宜都人的创新精神。中华人民共和国成立初期，宜都人艰苦创业，自己设计、自己施工，不仅建成了当时最大的红茶厂，还设计出具有独创性和先进性的茶叶生产设备，个别设计至今还不落后。三线建设时期，宜都人和外来技术人员共同努力，研发先进的光学仪器，为国防建设做出了贡献。今天，宜都人仍然没有停息探索创新的脚步，在生物医药、精细化工等领域创先争优。

三　宜都文化遗产的保护利用

改革开放以来，特别是党的十八大以来，宜都各项事业获得了突飞猛进的发展，“三市三区”的目标基本实现。2016年、2017年、2018年连续3年进入全国百强县市；2017年获得全国文明城市称号；2018年跻身全面小康指数百强县级市；2018年9月获得全国森林城市称号。在全市进入转型升级的关键时刻，宜都市第七届五次党代会上提出“文化宜都”建设的目标。这一重大战略决策为宜都高质量发展注入了精神动力和文化源泉。根据宜都文化资源存量及其内涵，在文化宜都建设过程中要切实做好以下工作。

（一）深刻分析文化内涵，提炼宜都文化精神

从前面的梳理和分析可以看出，宜都文化遗产类型多样，内涵丰富，涉及宜都历代人民对自然、社会的深刻认识，是宜都人民辛勤创造和智慧的结

晶。在保护和利用文化遗产的过程中，至关重要的是在深入研究的基础上，提炼本土文化精神，使其成为推动宜都发展的精神动力。从以上对宜都文化特征的分析，我们可以把宜都的文化精神提炼为“包容开放，勇于创新”八个字，这一概括，不仅具有历史文化的延续，也是对当下宜都人创业理念的总结。宜都人正是以开放的精神、包容的气度、勇于创新的理念，进入全国百强县市并创造了一个又一个佳绩。今后宜都的高质量发展，仍然离不开这一文化精神。

（二）系统梳理文化资源，强化文化遗产保护

党的十八大以来，以习近平同志为核心的党中央高度重视中华优秀传统文化的传承发展，文化自信推进了全社会文化保护的自觉。就宜都来说，在文化遗产保护方面要做好以下几项工作：第一，对全市文化资源进行系统调查和记录，建立全市文化遗产数据库；第二，科学编制全市文化遗产保护与发展规划，有计划、分步骤地保护利用文化资源；第三，以申报世界文化遗产为契机，对宜都境内古茶道相关遗产点进行重点保护；第四，以申报湖北省历史文化名城为切入点，保护以乔河巷、临苏巷等街道为核心的陆城历史街区；第五，以申报荆楚大遗址为抓手，保护城背溪文化遗址和红花套遗址；第六，以申报工业遗产为契机，保护宜都红茶厂，238 厂、288 厂、388 厂等工业遗产；第七，以申报农业遗产为契机，做好茶叶、柑橘等农业遗产申报准备工作；第八，以保护和利用青林寺谜语村为抓手，保护全市的非物质文化遗产；第九，将文化资源有机地融入旅游、康养、文化产业中，推进文化旅游和康养产业的发展；第十，依托相关高校成立研究平台，加强对全市文化遗产的理论研究，为保护利用提供理论支撑。

（三）引导传统文化回归，为乡村振兴注入灵魂

十九大报告提出实施乡村振兴战略，并明确提出“产业兴旺、生态宜居、乡风文明、治理有效、生活富裕”的总要求。在实施乡村振兴的过程中，要高度重视传统文化的保护和传承，因为传统文化是农耕社会的产物，是联络村民感情的纽带，是乡村振兴的灵魂。就宜都来说，在实施乡

村振兴的过程中，要充分认识传统文化的价值，积极引导传统文化回归人民的生活，有机融入村民的生产、生活。第一，切实做好乡村振兴规划。规划时在紧紧围绕五项重点目标的同时，要特别突出对乡土文化的保护、利用，尽量把传统的乡土生活与村民对现代生活的向往很好地结合起来，保持乡土应有的本色，切忌乡村城镇化和千篇一律、整齐划一。第二，对传统聚落和相应的人文空间、自然空间进行有效保护。宜都境内目前仍然保留了部分由土墙房、干栏建筑、砖瓦房构成的乡村聚落，相关部门可以在全面调查摸底的基础上，对相对集中、破坏性小、自然环境优良、人文积淀深厚的乡村聚落进行保护。在实施过程中，聚落建筑遵循原有格局和外形修旧如旧、内部满足现代人生活需求的原则，聚落周边的山水林田路桥井，历史遗迹和人文景观尽量保持原有的自然格局，保持传统村落的原始美和自然美，以此作为美丽乡村和乡村旅游的示范点。第三，挖掘乡土社会的民间智慧，积极引导村民保护和利用传统生产知识、医药知识、生态理念、生活技能、气象知识等，结合现代科学技术指导和发展生产。第四，挖掘民间文化艺术，按照创造性转化、创新性发展的要求，有选择性地融入村民的生活，一方面保护传承民间文化遗产，另一方面丰富村民的精神生活。第五，尊重村民传统习俗，正面引导婚丧嫁娶和节日中的习俗活动。第六，搜集和保存农耕时代的各类器物，保存农耕时代的文化记忆。第七，充分发挥乡村文化精英和非物质文化遗产传承人的作用，让其成为传统文化保护利用的谋划者、指挥者。总之，乡村振兴离不开传统文化的保护、传承和利用，传统文化是乡村振兴的根脉，是村民的精神家园，不仅关乎历史，更关乎现在、关乎未来、关乎子孙万代。因此，在乡村振兴的过程中，要积极引导传统文化回归村民的生活，唯有如此，才能保住传统文化的根脉，保护我们共同的精神家园。

（四）发挥文化品牌效应，扩大宜都对外影响

通过对宜都文化遗产的梳理和分析可以发现，宜都文化遗产中至少有两项可以发展成文化品牌。一是城背溪文化。城背溪文化是长江中上游发现的最早的新石器时代文化，不仅是湖北文明的源头，也是长江文明的重要源

头。而知晓这一文化遗产的人还不多，对其重视也不够，需要进行有效的保护、深入的研究，广泛宣传推荐，按照文化品牌进行培育。二是宜红茶。宜红茶本身就是一个具有很大潜质的文化品牌，在历史上是与祁红、滇红齐名的红茶品牌，清末至20世纪50年代在国际上占有较大的份额，是“万里茶道”输出的重要产品。由于多方面的原因，宜红茶淡出了人们的视野，出口量大大减少。近些年来，特别是“万里茶道”申报世界文化遗产工作启动以来，宜红茶重新得到重视，“宜红”商标回到宜昌，2016年“宜都宜红”成为欧盟互认的产品。如果“万里茶道”申遗成功，宜红茶的文化品牌价值将大大提升，作为具有世界影响力的“宜红”品牌将产生巨大的品牌效应和集聚效应，从而成为宜都和宜红茶区对外宣传的文化符号，并与当地良好的自然生态、旅游资源、绿色产品开发等结合起来，形成文化旅游产业集群，带动当地经济社会高质量发展。

（五）以文化为内生动力，助推宜都高质量发展

在全市利用文化资源的过程中，要切实发挥文化软实力的作用。第一，将文化自信融进全市人民，使其成为凝聚力量的黏合剂；第二，将文化精神融入全市干部群众干事创业，激发全市人民干事的积极性和责任担当精神；第三，将文化资源融入相关产业发展，使其成为持续发展的资源；第四，将文化符号融入对外宣传推荐，提升宜都的知名度和美誉度，扩大宜都的社会影响力。

《三峡文化研究》第 15 辑
第 063～072 页

白鹤梁涪州牧治政理念研究*

曾　超**

摘　要：“石鱼出水兆丰年”系白鹤梁题刻生发、咏赞、纪事的主旋律，在某种程度上白鹤梁题刻实乃中国古代中央要员、地方大吏治理涪州的“实录”。“为官一任，造福一方”的社会治理理念值得我们吸取与借鉴。

关键词：白鹤梁题刻　涪州牧　治政理念

一　白鹤梁题刻所见涪州牧

据现有史料，唐代广德元年（763 年），涪州刺史、涪州团练使郑令珪镌刻石鱼、铭记题刻，白鹤梁题刻正式名世。自此以降，围绕“石鱼出水兆丰年”主旋律，历代达官显宦、士子名流、乡帮土著莫不以此为胜迹，镌诗题咏，题名题记，终致名留千古，名震寰宇，成为世界文化遗产，2009 年还专门建立世界首座水下博物馆——水下碑林白鹤梁博物馆。

因“石鱼出水兆丰年”是白鹤梁题刻生成、发展、衍变、纪事的主旋律，“鉴湖鱼笛”是古代涪州八景之一，故历代涪州牧多往观游，以致流连忘返。因此，白鹤梁题刻的题名中提到的涪州牧，为数不少。对此，王晓晖在《北

* 本文为国家社科基金姓名冷门绝学项目“白鹤梁题刻题名人群体研究”（2018VJX011）的阶段性研究成果。

** 曾超（1966～），土家族，博士，武陵山特色资源利用与开发中心研究员，中南民族大学、贵州民族学院、吉首大学硕士生导师，主要研究方向为民族文化和区域文化。

宋涪州知州考略》[1]《南宋涪州知州考略》[2]，曾超等在《西南地区白鹤梁题刻唐宋涪州牧考述》[3]《元明清白鹤梁题刻涪州牧考述》[4] 中均曾进行过一定的探讨，但更多停留于对史迹的考证，尚未深入到对治政理念的探究[5]。

从题名人角度看，白鹤梁题刻所见的涪州牧可以视作一个群体。这个群体从唐代一直延续到当代。当然，若从"州牧"的角度看，也许这个群体的规模会更大，数量会更多。这是后话。依据白鹤梁题刻、同治《涪州志》及其他资料[6]，就目前所知，白鹤梁题刻所见的涪州牧主要如下所示。

唐

广德涪州牧：郑令珪，具体职衔是涪州刺史、涪州团练使，参见《谢昌瑜题记》《向仲卿题记》等。

宋

端拱涪州牧：王公□，知涪陵郡事，参见《朱昂题诗记》。

皇祐涪州牧：邹霖，知涪州军州事，参见《刘忠顺等唱和诗》。

嘉祐涪州牧：武陶，知涪陵郡事，参见《武陶等游石鱼题名记》。

熙宁涪州牧：姜齐颜，涪州太守，参见《韩震等题记》。

---

① 王晓晖：《北宋涪州知州考略》，《长江师范学院学报》2012 年第 9 期。

② 王晓晖：《南宋涪州知州考略》，《长江师范学院学报》2014 年第 6 期。

③ 曾超、张正武：《西南地区白鹤梁题刻唐宋涪州牧考述》，《长江师范学院学报》2013 年第 1 期。

④ 曾超、张正武：《元明清白鹤梁题刻涪州牧考述》，《重庆三峡学院学报》2014 年第 5 期。

⑤ 如笔者对董维祺、张师范、萧星拱等史迹的钩稽，参见曾超、吴红敬：《白鹤梁题名人董维祺涪州史迹考》，《重庆三峡学院学报》2017 年第 4 期；曾超：《白鹤梁题名人张师范史迹考》，《三峡论坛》2017 年第 4 期；曾超：《白鹤梁题名人萧星拱史迹稽考》，《三峡大学学报》2017 年第 1 期。

⑥ （清）王应元等：同治《重修涪州志》，江苏古籍出版社·上海书店出版社·巴蜀书社，1990；施纪云总纂《涪陵县续修涪州志》，民国 17 年（1928 年），涪陵地方志办公室电子本；（清）姚觐元、钱保塘：《涪州石鱼文字所见录》，《石刻史料新编》（第三辑一五），台北：新文丰出版公司，1986；（清）陆增祥撰《八琼室金石补正》，影印吴兴刘氏希古楼刊本，文物出版社，1985；陈曦震主编《水下碑林——白鹤梁》，四川人民出版社，1995；涪陵地区工作委员会编《世界第一古代水文站——白鹤梁》，中国三峡出版社，1995；曾超：《三峡国宝研究：白鹤梁题刻汇录与考索》，中国文史出版社，2005；黄海编《白鹤梁题刻辑录》，中国戏剧出版社，2014；四川省涪陵市志编纂委员会编《涪陵市志》，四川人民出版社，1995；《涪陵辞典》编纂委员会编《涪陵辞典》，重庆出版社，2003；等等。

元丰涪州牧：郑觊，知涪陵郡事或权知涪州事，参见《郑觊题记》《吴缜题记》。

元祐涪州牧：杨嘉言，知涪州军州事，参见《杨嘉言题记》；姚珏，涪陵郡守，《姚珏等题记》。

绍圣涪州牧（副）：黄庭坚，涪州别驾，参见同治《重修涪州志》。

崇宁涪州牧：杨公，涪州太守，参见《太守杨公留题》；杨元永，知涪陵郡事，《贺致中题记》。按：杨公、杨元永疑即一人。

大观涪州牧：庞恭孙，知涪州军州事，参见《庞恭孙题记》。

政和涪州牧：司马机，摄涪陵郡事，参见《王蕃诗并序》。

宣和涪州牧：吴革，权知涪州军州事，参见《吴革题记》；常彦，通判涪州军州事（副），参见《吴革题记》。

建炎涪州牧：王拱，摄涪陵郡事，参见《刘公亨等题记》；林琪，涪陵郡倅（通判）（副），参见同治《重修涪州志》。

绍兴涪州牧：刘意，涪陵郡守，参见同治《重修涪州志》；种慎思，涪州太守，参见同治《重修涪州志》；王择仁，涪陵郡守，参见《蔡惇题记》；贾思诚，知涪州军州事，参见《贾思诚题记》；孙仁宅，涪陵郡守，参见《孙仁宅题记》；李景嗣，涪陵郡太守，参见同治《重修涪州志》；杜肇，涪州太守，参见同治《重修涪州志》；何宪，知涪州军州事，参见《何宪、盛辛等唱和诗并序》；盛辛，权通判涪州军州事（副），参见《何宪、盛辛等唱和诗并序》；盛芹，涪陵郡守，参见同治《重修涪州志》。

乾道涪州牧：王宏甫，权通判涪州军州事（副），参见《王桂老题记》；赵彦球，摄涪陵郡守，参见《赵彦球题记》；卢棠，摄涪陵郡事，参见《卢棠题记》。

淳熙涪州牧：冯和叔，涪陵郡守，参见《冯和叔题记》；朱永裔，假涪陵郡守，参见《朱永裔题记》；夏敏，涪陵郡守，参见《夏敏等题记》。

宝庆涪州牧：李瑞，涪陵郡太守或涪州太守，参见《李公玉“瑞麟古迹”题记》《李公玉题记》。

绍定涪州牧：谢兴甫，涪州太守，参见同治《重修涪州志》；齐砺，涪陵郡太守，参见《齐砺等题记》；龚儒崇，涪州别驾（副），参见《齐砺等题记》。

淳祐涪州牧：张霁，涪陵郡太守或张侯，参见《张霁题记》《王季和等题记》；李拱辰，通判涪州军州事（副），参见《张霁题记》；邓刚，涪陵郡守，参见《邓刚题记》；何行可，通判涪州军州事，参见《邓刚题记》；赵汝廪，涪陵郡守，参见《赵汝廪观石鱼诗》。

宝祐涪州牧：刘叔子，涪陵郡假守，参见《刘叔子诗并序》；蹇材望，涪州别驾（副），参见《刘叔子诗并序》《蹇材望和刘叔子诗并序》。

南宋涪州牧：徐朝卿，参见同治《重修涪州志》。

元

至大涪州牧：咬寻进义，同知涪州事，参见《聂文焕题记》。

至顺涪州牧：张八歹，涪陵郡守，参见《张八歹木鱼记》。

明

洪武涪州牧：刘冲霄，涪州知州，参见《刘冲霄诗并序》。

永乐涪州牧：雷懿，涪陵郡守，参见《雷懿题记》。

成化涪州牧：龙公，涪州太守，参见《抄写古文诗记》。

正德涪州牧：袁宗夔，涪州州守，参见《李宽观石鱼记》；黄寿，涪陵郡守，参见《黄寿题诗》《联句和黄寿诗记》。

万历涪州牧：江应晓，涪州别驾，参见《罗奎诗并序》。

清

康熙涪州牧：萧星拱，涪陵郡守或涪州牧，参见《萧星拱观石鱼记》《萧星拱重镌双鱼记》；朱羽，涪州知州，参见《萧星拱观石鱼记》；董维祺，涪州刺史，参见《董维祺题记》。

乾隆涪州牧：罗克昌，涪州刺史，参见《罗克昌题记》。

嘉庆涪州牧：张师范，涪州牧，参见《张师范题诗》。

咸丰涪州牧：濮琅圃，涪州知州，参见《濮文升题记》。

同治涪州牧：濮文升，涪州知州，参见《濮文升题记》。

当代

林樵：涪陵地区副专员，参见《林樵题记》。

龚堪贵：涪陵地区副专员，参见《卜算子·游白鹤梁》。

二　白鹤梁题刻所见涪州牧的治政理念

在古代，人们将主宰一州（辖数县，但散州不辖县）的地方官称为州牧，操持一县生杀大权的地方官称为县令、县长或县宰。州牧、县宰虽然带有“牧民”“宰民”之义，但在悠悠历史长河中，何以有些地方官能够“为官一任，造福一方，惠及当代，泽被后世”，何以有些地方官“为官一任，祸害一方，辱及先人，祸及后代”，从社会治理或管理的角度，简单地说，就在于治政理念的差异。为官者“为政以德”，心中有民，坚持民本导向，注重民生事务，关注民利民瘼，则必能获得广大民众的拥护和爱戴，甚至立“生祠”以祭之。反之，为官者为政贪惰，心中无民，视民如草芥，则民必视之如寇仇。

根据白鹤梁题刻所见涪州牧，结合同治《重修涪州志》等其他资料，我们可以发现，白鹤梁题刻所见之涪州牧，多为清官良吏，如赵汝廪、黄寿、罗克昌、张师范、萧星拱、董维祺、濮瑗等。如赵汝廪，《四川通志》卷六列为名宦，民为生祠于学宫以配程（颐）、黄（涪翁）、尹（焞）、谯（定）四贤。黄寿“世人号为神官”。萧星拱，在涪州治政优异，被列为良吏；在东川勤于政事，被崇祀名宦。罗克昌“实心为政，有贤名”。董维祺三任涪州太守，号为良吏。濮瑗“咸丰三年（1853 年）任。实心为政，不事粉饰，士民畏威怀德，卒于官。桐城县吴公之亚也”。民国《涪陵县续修涪州志》直接将其称为良吏。

白鹤梁题刻所见涪州牧，虽然存在个体差异，但作为一个群体，并且是作为对广大平民百姓影响最大的群体，他们多深受儒学的滋润，如赵汝廪、罗克昌、萧星拱、濮瑗、董维祺等均走的是科举入仕之路；庞恭孙、吴革、张师范等激于儒家之忠义。因此，在他们身上有深深的“民本”思想。“民本”思想来源于儒家的德政、仁政思想，“民贵君轻”成为基本的价值取向。“以民为本”成为他们“为官理政”的基本理念。白鹤梁题刻所见涪州牧的“民本”理念，具体表现如下。

（一）民本导向

《孟子》云："民为大，社稷次之，君为轻。"这种"民贵君轻"的民本观念是中华民族优秀的传统文化精神。在白鹤梁题刻中，多有民本导向的深刻体现和反映，并以赵汝廪、张师范、罗克昌最为典型。

赵汝廪，字秀叔，祖籍河南开封，福建漳州龙溪人，进士。曾任漕荐、将仕郎、迪功郎、监广州清远县税、涪州知州等职。在涪州劝农兴学，轸念民瘼，歉则贷公，丰则收贮义仓，颇有政声。并主持刊刻《易学启蒙》，传播易学文化、理学文化。有浓郁的民生导向，对此，他在白鹤梁题刻《赵汝廪观石鱼诗》中特别强调"欲雨知予志在民"。"志在民"即坚持民本导向。何以"雨"与"民"有关呢？在传统农业社会，老百姓关注年岁的丰歉，影响庄稼好坏的因素固然极多，但有一个极重要的因素，即阳光和雨露。民谣云："雨露滋润禾苗壮。"因此，这也成为"石鱼出水兆丰年"的真谛。同时，该诗还反映了一个极为重要的观念，"拂石已无题字处，观鱼皆是愿丰人"，观鱼即在祈年。

张师范，阳湖（今江苏武进）人。嘉庆十六年（1811年）除知涪州，听断明敏，悉心赈济，兴办义学，纂修州志。其同样具有鲜明的民本精神。在白鹤梁题刻《张师范题诗并序》中，他"忧民之所忧，急民之所急"，用第一作者"我"的口吻表达了"忧民"情怀。其诗云："我来已一载，岁彰悯渥脊。晨夕剧忧惶，富庶惭豪述……来时显作霖，长渥涪陵泽……"①

罗克昌，高邮（今属江苏）人，康熙间进士。乾隆初知涪州。建书院课农桑，实心为政，有贤名。同样以第一作者"我"的口吻表达出张师范的"民本"精神。任期之内是"我来涪陵鱼常出，岁岁仓箱盈百室"，离任是"我将去矣无多嘱，愿尔群黎共惇笃"，并祝愿"作善降祥鱼效灵，江石千年兆人足"。

① 曾超：《三峡国宝研究：白鹤梁题刻汇录与考索》，中国文史出版社，2005，第215页。

（二）亲民观念

民本导向、民本精神是中国古人的理想化追求。对君主而言，“得民心者得天下，失民心者失天下”。在白鹤梁题刻中，处处充溢着对君主的溢词，充满对地方官的歌功颂德，但也多有亲民、爱民观念。这在吴革、张师范、黄寿等人身上表现得最为明显。

吴革（1095～1146年），字义夫，华阳（今属四川双流县）人。少好学，喜谈兵事。宣和四年（1122年）为朝奉郎权知涪州军州事。《宋史》卷四五二列入忠义传。吴革虽系军人，好兵书，但同样深受儒家思想影响，在白鹤梁题刻《吴革题记》中，他借助儒家六经之一的《易经》，充分阐述了亲民、爱民之理念。

《吴革题记》云：“易以包无鱼为远民，民故可近不可远。余牧是邦久矣，今岁鱼石呈祥，得以见丰年，知民之不远也。即尘显妙，有开必先，余乐斯二者，遂率宾僚为之游。”[①] 在该题刻中，吴革主要说明了四个问题。第一，从理论上说明如何对待老百姓的问题。任何事物均具有相对性，离开相对的一方，另一方也就不复存在。无民焉能称君，无君何必叫民；无官焉能牧民，无民焉有官牧。因为“民故可近不可远”，那就必须避免“包无鱼”的现象。“《易》以包无鱼为远民”源自《易经》六十四卦中的第四十四卦姤卦䷫。姤卦上乾下巽，或外乾内巽，或客乾主巽，乾为天，巽为风，天下有风，吹遍大地，阴阳交合，万物茂盛。喻在上者亲其在下者，则可无往不利。反之，则无往不害，毕竟物极必反。故“远民”以警之。对此，《图解高岛易断》说：“《象传》以‘远民’释之，鱼犹民也，谓鱼之不可不包，犹民之不可或远，不以民为小人而驱而远之，必以民为同胞而亲而近之，斯民得兼包并育，何致有消阳之患哉！”[②] 第二，借用“石鱼出水兆丰年”反衬其亲民、爱民，所以题刻说“余牧是邦久矣，今岁鱼石呈祥，得

① 曾超：《三峡国宝研究：白鹤梁题刻汇录与考索》，第56页。

② 〔日〕高岛吞象：《图解高岛易断》，（清）王治本译，易简点校，陕西师范大学出版社，2008，第548页。

以见丰年，知民之不远也”。第三，强调“亲民”“爱民”必须有所作为、有所创新。所谓“即尘显妙，有开必先”是也。第四，说明了因何游梁观鱼的原因，“余乐斯二者，遂率宾僚为之游”。

黄寿（1464～1534年），字纯仁，号松崖，南城（今属江西）人。弘治二年（1489年）进士。万历中由黄州判以异政擢涪州守，尚俭革弊，暮年而六事孔修。朝暮焚香危坐，凡百念虑，动处应事符应，世人号为神官。他在《黄寿题诗》中，从辩证法的角度，论证了时代与“石鱼出没”的关系，并用“鸾凤”“鸱鸮”暗喻“为政之德”，强调亲民、爱民的核心是“节用”与“爱人”。

张师范则从实证的角度表现出异常浓郁的亲民、爱民理念。对此，陈廷璠《州牧晴湖张公祠碑记》记述又详。文云：“公初下车，兴利除弊，有不便于民者悉更张之。政令严肃，听断若流，折狱必以情。虽世家巨族，亦不得干以私。廉明勤慎，与民休息，数年间风俗移易，狱讼衰息，几于刑措。方公之守涪也，岁屡旱，公设策备荒，无微不至。迨癸酉、甲戌间，旱尤甚，民大饥，死者相藉，郡县皆议请于上官发粟平粜。公曰，必待请于上而后行，文报往来，动需时日，则民死无噍类矣。乃先发粟而后以上闻，民藉以活者几千万人，上官亦韪之。涪旧有钩深书院，生童肄业其中，公岁延名师按月课艺，文风士习固已蒸蒸日上矣。而又虑幼学者之无所师资也，乃立义学二，一设东关，一设西关，捐俸延师，俾童蒙辈得就以归养正。又大修孔子庙及北崖尹子三畏斋，其所以端教化而厚风俗，类如此。宋涪陵郡太守王公仙，守城不屈死，前明甲申殉难刑部主事我叔祖计安公大节凛然，向无特祀，公为请旨建昭忠祠，春秋致祭，兼祀嘉庆二三年遭贼阵亡诸义民。并捐修三抚庙及厉坛、先农坛，则又所以重节义而崇祀典也。至若编联保甲，置买济田及重修养济院，虽皆奉行之事，要以实心行实政，而非徒苟且粉饰者。呜呼，士大夫平居论世，鲜不谓此身一出即可措斯民于仁寿，而末世之吏治不足言及，一旦躬膺简任，则又思所以恤身家、保妻子，大都计管钥耳，问苞苴耳，谁其虑及于士习民风，如公之廉而明、勤而慎哉。公之所治理如此卓卓，其系士民之思也固宜。丁丑春，公决计解组，涪士民遮道攀辕，请于上而留公行。公以年逾七旬，不欲久堕风尘，引疾去。士民感公之德，惜公之去，思而不已，乃立祠于三畏斋之西偏，以为岁时顶祝之所，以著涪士民客商爱戴之忱也，所以祝公之寿而康也。嘱璠为之记，璠亦部民也，部民共沐恩膏，戴德弗谖，祇缘匏系边隅，心钦佩之而恨未得一见，然观于阖涪士民之思公如是诚，足以见公之所以出身加民者之大异乎俗吏之为也。古人云，得大贤而名益彰。璠不敏，合口碑以叙公德之可传，璠亦将附公之末以传矣，幸夫！”①

（三）信民观念

亲民、爱民的核心是信民、诚信于民、中孚于民，“得民心者强，得民力者富”。在白鹤梁题刻所见涪州牧中，有两位表现得最为突出。一是濮瑗，一是罗克昌。

濮瑗，字琅圃，进士，咸丰年间涪州牧。在白鹤梁并无题刻，系其子三任涪州知州濮文昇所作《濮文昇题记》的追叙题名人。濮瑗为政，强调诚信于民，实心为政。同治《重修涪州志》云：“咸丰三年（1853 年）任。实心为政，不事粉饰，士民畏威怀德，卒于官。桐城县吴公之亚也。”按：吴公，即吴廷辉。同治《重修涪州志》云：“吴廷辉，安徽桐城进士。道光六年（1826 年）除。剔积弊，去陋规，杜私谒。每日坐堂，皇望之若神，奸豪敛迹。首创考棚，捐廉制造圣庙祭器。丙戌（六年，1826 年）、丁亥（七年，1827 年）、戊子（八年，1828 年）岁饥，捐廉倡率，赈济活人以万计。己丑（九年，1829 年），邑有巨盗，公奉檄夤夜前往，捕剿尽净。庚申解组，归囊无余钱，士民奉赆不受。署有狐仙堂，历任胥隆其祀，公为文告而封闭之，卒不为祟。道光（1821～1850 年）以来贤牧第一。”②

罗克昌则特别强调实心为学，反衬其实心为政。同治《重修涪州志》云：“罗克昌手书‘诚’字……结体遒劲。”③《涪陵县续修涪州志》云：

① 陈廷璠：《州牧晴湖张公祠碑记》，《涪陵市志》，四川人民出版社，1995，第 1372 页。

② （清）王应元等：同治《重修涪州志》卷五《国朝秩官》，江苏古籍出版社·上海书店出版社·巴蜀书社，1990。

③ （清）王应元等：同治《重修涪州志》卷五《国朝秩官》。

“罗克昌……书‘诚’字……为学者的焉。”① 要求学子诚信为学。为何如此呢？这与他的“诚信为政、中孚临民”有密切的关系。

从理论上探讨，不管是诚信为学，还是实心为政，均与周易六十四卦的第六十一卦中孚卦䷼有关。在白鹤梁题刻中，明确提到“中孚卦”的题刻有二：其一是《罗克昌题诗》的“类推集祉在中孚”；其二是《张楫题诗》的“中孚自有济”。按：中孚卦，风泽中孚，诚信立身。卦形外实内虚，喻心中诚信。对此，《图解高岛易断》说：“以此卦拟人事，孚者，信也。信见于言，言发于外也；孚感于心，心存于中也。人心之用，灵则明，明则诚，内贵虚灵不昧，外宜真实无妄，是所谓‘柔在内而刚得中’也。”②

（四）民利理念

“民”既然是社会财富的创造者，社会成果理应归于民享、民受。“君以民为本，民以食为本，食则以有余为本。”在白鹤梁题刻中，萧星拱的题刻则充分表达了“民利”“民享”理念。萧星拱，江西南城人。曾任涪州知州（2任）、忠州知州、重庆府知府、东川府知府。在白鹤梁题刻中，萧星拱有两则题刻：其一是《萧星拱观石鱼记》；其二是《萧星拱重镌双鱼记》。

在《萧星拱重镌双鱼记》中，萧星拱云：“涪江之心有石鱼……国之重在民，民之重在食；而食之足，又在乐岁之有余。则吾侪之此一游也，非但以游观为乐，直乐民之乐也云尔……”③ 在这里，涪州牧萧星拱即表达了“重民”“重食”“同乐”的“民享”观念，体现了“与民休戚”的文化精神。

---

① 施纪云总纂《涪陵县续修涪州志》。

② 〔日〕高岛吞象：《图解高岛易断》，第724页。

③ 曾超：《三峡国宝研究：白鹤梁题刻汇录与考索》，第197页。

《三峡文化研究》第 15 辑
第 073～086 页

唐崖土司城张王庙碑刻释文校证[*]

罗　凌[**]

摘　要：张王庙碑刻是湖北恩施州咸丰县唐崖土司城遗址中保存至今为数不多的石刻文字材料，对论证寺庙兴废，包括唐崖地区的历史社会生活、土司城的建置等，皆有极为重要的原始文献价值。因为碑刻本身漶漫剥泐，目前已经发表的释文成果不尽如人意。本文结合张王庙原碑刻实物，参照唐崖土司的历史背景，在原有释文的基础上进行语言文字和历史文献的校证，寻绎出四十多条值得商榷之处，从文字字形、字义、构词原理以及语法等角度，一一予以校释辨正，以求文从字顺，可以更好地继承并推介土司文化遗产，且有利于后来学者作引据之用。

关键词：唐崖土司城　张王庙碑刻　释文　校证

湖北恩施唐崖土司城遗址是武陵少数民族地区保存较完整的一处土司城遗址，其作为重要组成部分参与“中国土司遗产”项目申遗成功，成为中国拥有的第 48 处世界遗产。相比较而言，作为世界文化遗产，唐崖土司城遗址在碑刻文献遗存方面相对不足，只保存下来为数不多的石刻文字，其中石刻文字比较集中的地方是土司城内的张王庙。有学者评价：“这是有关张王庙的兴废及土司城建置、社会生活等问题的重要资料，但这批资料以往仅零星见于地方志和族谱的著录，对文字的识读及考述亦多有错讹。”因此，

* 本文为国家社科基金项目“武陵少数民族地区碑刻文献集成与研究”（15BMZ089）的阶段性成果。

** 罗凌，三峡大学民族学院教授，博士研究生导师，主要研究方向为中国古典文献学。

如何准确释读这些石刻文字，在唐崖土司城遗址的学术研讨和对外推介的进程中，是当务之急。从研究层面来看，这些碑刻文字作为“新出”的原始文献材料，对解读唐崖土司的历史社会发展，也有学术价值。

唐崖土司城张王庙现存七方重修庙宇碑刻，为配合“中国土司遗产”申遗，湖北省文物考古研究所和中国人民大学等学术研究机构曾经对张王庙基址进行考古清理，并对所存石刻文字予以拓录及释文。相应的研究成果有李梅田、方勤所撰《唐崖土司城张王庙石刻考述》[①]、咸丰县政协文史资料委员会等所编《唐崖土司城址》[②] 以及梁厚能所撰《湖北唐崖土司城遗址书法遗存初考》[③]。《唐崖土司城张王庙石刻考述》收录了比较完整的具体释文，有整理的先造之功。但是笔者仔细考察释文，发现有很多地方难以通读。一则因为碑刻本身的漶漫剥泐，文字难以识读；二则碑文上石时，刻工因过失致误；三则在于研究者本身，整理释文的时间可能仓促了一些，故而留下一些文字错讹，甚至标点断句的偏差。《唐崖土司城址》后出，但多因仍前之释文，难见转精。既然是“有关张王庙的兴废及土司城建置、社会生活等问题的重要资料”，那么，碑刻文字的校释则是最基础的文献整理工作，其与考据结论应该息息相关。故唐崖土司城张王庙碑刻释文，有重新校证的必要。

张王庙所存七方重修庙宇碑刻中含三方姓名功德碑，其文献价值不如其他记叙颂功碑刻，本文以《唐崖土司城张王庙石刻考述》中的释文为底本，结合碑刻实物，进行细致的文字释读并重新标点断句，以期整理出张王庙碑刻更规范的释文文本。

一　“公颂重新碑”原释文

碑额为“公颂重新”四个大字，首题：

① 李梅田、方勤：《唐崖土司城张王庙石刻考述》，《三峡论坛》2013年第5期，第6页。

② 咸丰县政协文史资料委员会等编《唐崖土司城址》，湖北人民出版社，2015，第98～100页。

③ 梁厚能：《湖北唐崖土司城遗址书法遗存初考》，《中国书画报》2016年第19期。

特授湖北施南唐崖粮捕分府加二级纪录三次又军功纪录一次岑

碑文：

公讳映奎，字凌山，西粤鼎族也。名震海内，先业簪缨相继，照耀史册，无容赘述。计□赴楚候补，几及十载，凡承委办公，靡不竭尽心力。更持身廉洁，谦厚慈祥，兼乐善好施，迹难备举。于壬戌之秋，奉简命分守唐岩。缘是地处极边，山僻壤，户口零星，不敌大都之一。绥内制外，措置甚苦。前之历官于斯者，非不设法兴除，而土俗民情，尚未画一。公莅任后适奉□□郡篆，兼顾两地，辨理颇劳。癸亥八月，甫获从署，专司厅务。下车之始，即敬肃恭谒汉张侯庙。目击上下二殿，尽属倾圮。四周测之，爰是乐捐清俸，鸠工庀材，装塑营建数月，而上下先后次第落成，庙貌焕然一新。复又捐俸，设立义学，诸童咸□向□鼓舞，争自濯磨。至赈孤而枯魂沾惠，鲜之施济渡，而往来受履平之福。即此数节，夫渡前未有之胜举，其有关于世道有堡□□，足以铭金石而垂久远也。他若严保甲而丑类绝，谨锁钥而举迹潜，惩赌博而口惰惕，课农桑而怠夫奋，禁讦告而善良安，慎□□而曲直剖，化披里淳，风清俗美，文武协恭，其民交善，悉由学道爱人以致之，虽卓、鲁、龚、黄不过是也。且素守清白，淡泊自□，饮水茹药，甘之如饴。其日用必需，悉照时俗，现价一草一木，从未妄取丝毫。绥边靖地，洁己爱民，是以上召天和雨旸。时若大有□□，常属救乎者，虽曰仰赖神灵之默佑，实惟公诚所感耳。守寺敢忘其所自哉？勒之贞珉以志。公之施德政于唐崖□朽也，后之君子亦得有感于斯文。

黎广　覃钠

□□□□年庚午岁孟冬月日吉[①]

① 李梅田、方勤：《唐崖土司城张王庙石刻考述》，《三峡论坛》2013 年第 5 期，第 7 ~ 8 页。

校证如次：

（一）公讳映奎，字凌山，西粤鼎族也

校证：“映奎”，结合前之碑额“特授湖北施南唐崖粮捕分府加二级纪录三次又军功纪录一次岑”，所谓“公”，指岑映奎，清初广西凌云县岁贡生，多年居楚为官。

“字凌山”，同治庚午（1870年）吴葆仪编《郧阳府志》卷五《官师志》之三“宦迹”有载：“号凌山，凌云人，乾隆三年（1738年）以通判借补。时邑加赋倍于旧，少核减，格不以上。会抚军崔纪莅楚，士民陈情，令映奎同竹山令议详，得减十之四。民至今德之。”① 《郧阳府志》以为其“号凌山”，而碑文则以为其字。广西《岑氏族谱》有录其名，但是不及字号。古人名和字之间多有意义之关联，“映奎”“凌山”之间，“奎”一般指二十八宿之奎宿，主文章，故其命名有关文章、文运之事，“凌山”有超迈山岳之意，二者立意高远，颇有相关。碑刻为难以剜改之文献，似可以证《郧阳府志》之讹误。文献不足，不必强作解人，此处文献出现异文，当揭出，以备后来考证。

凌云属广西泗城府，与碑文所云“西粤鼎族也”之“西粤”相符合。泗城岑氏则是桂西的名门望族，岑氏土司自宋皇祐年间开始统治泗城，统治时间长达近七百年。岑映奎是泗城府清代第二任土知府岑齐岱的第四子，其长兄岑映宸雍正元年（1723年）世袭父职。《岑氏族谱》卷一记载岑映奎“举明经，仕至湖北施南府建南同知”②，另卷四“泗城府岑氏支派记”又云“映奎岁贡，授湖北施南分府”③，其乾隆十年还当过东湖（今宜昌夷陵区）知县，主持修建宜昌天然塔，故岑氏是唐崖土司城的重要历史见证人。

（二）计□赴楚候补，几及十载

校证：“计□”，核查原碑，“□”字之右侧，有一小洞贯穿碑刻，然左

① 吴葆仪编《郧阳府志》卷五《官师志》之三“宦迹”，清同治庚午年刻本。

② 广西岑氏族谱编纂委员会《岑氏族谱》，1997年内部出版，第21页。

③ 广西岑氏族谱编纂委员会《岑氏族谱》，第492页。

侧仍存留笔画痕迹，明显有一“工”字旁，结合上下文，当为“功”字之残泐。古代官员赴任，“计功”指按功劳的大小给予奖赏，所谓计功行赏，是当时常例，而且计功赴楚候补，语意亦通畅。

（三）于壬成之秋，奉简命分守唐岩

校证：“壬成之秋”，“壬成”不成词，当为“壬戌之秋”，且下文“癸亥八月”，天干地支皆承“壬戌”而来。《唐崖土司城址》所录释文则已改正。岑映奎乾隆时期任职湖北郧阳和宜昌东湖，故此“壬戌”，当为乾隆七年（1742 年）。

“唐岩”一说，似可注意，也就是说，当下所定之“唐崖”，历史上曾称“唐岩”，甚至还写作“堂厓”等。唐崖土司城定名从唐崖长官司而来，唐崖长官司之名承唐崖河而来，然“唐崖”究竟是什么意义，与土家语抑或苗语等民族语言是否相关，目前似无定论。根据土家语研究专家陈廷亮教授的意见，土家语“石头”读作 a21pa21，亦可以简称 a21，对应的是“岩”、“厓”以及“崖”的汉语方言发音。同时，土家语“大”读作 t‘e35pa53，与“唐”“堂”之方音有近似之处。因此，“唐崖”一词，土家语当指大石头或者石头大，或可以备为一说。

（四）缘是地处极边，山僻壤，户口零星，不敌大都之一

校证：“山僻壤”，前后皆是四字格成文，明显有脱文，且原碑“山”字前漶漫，当补一空“□”。根据上下文，此处缺字，疑为“穷”字，不敢妄断。

（五）公莅任后适奉□□郡篆，兼顾两地，辨理颇劳

校证：“公莅任后”之后，当置一逗号，以免影响句意。

又，“郡箓”，似无此说，当为“郡篆”。摄篆一般指代理官职，掌其印信。则前之“□”，当为“摄”“视”“署”等，“摄郡篆”“视郡篆”“署郡篆”为明清常语。结合原碑，第二个“□”上部有一“罒”偏旁结构，故疑当为“署郡篆”，且其他碑文多次提到“施南协署”，当有相关。后之“兼顾两地”，则指既“特授湖北施南唐崖粮捕分府”，又“署郡篆”，前后

文意即可一致。

又，“辨理颇劳”，不成句，实当为“办理颇劳”，“办”之繁体“辦”，与“辨”字形似致讹。

（六）癸亥八月，甫获从署

校证：“从署”费解，勘查原碑，字形较为清晰，“从”字当为“旋”，释作“从”，当为原释文误释。“旋”有返回或归来之意。“旋署”或涉上文“署郡篆”，即返回官署之意。

（七）爰是乐捐清俸，鸠工庀材，装塑营建数月，而上下先后次第落成，庙貌焕然一新

校证：“装塑营建”当与“鸠工庀材”相对成文，故“数月”二字当下属，否则容易理解为“装塑营建”的时间有数月，影响句意表达。

又，“营建”之下，“数月”之上，原碑刻有四点，原释文不予校录，此四点，实当为“不”字草书体，且宜下属，“不数月而上下先后次第落成”，乃极言其落成时间之速。

（八）至赈孤而枯魂沾惠，鲜之施济渡，而往来受履平之福

校证：“枯魂沾惠”与“鲜之施济渡”，皆极为费解，当断句为“至赈孤而枯魂沾惠鲜之施，济渡而往来受履平之福”，前句指“设立义学”之事，后句指“济渡”之事，语义明晰，而且句式整齐工稳。

（九）即此数节，夫渡前未有之胜举，其有关于世道有堡□□

校证：“夫”字，勘原碑，当为“矣”字，不能置于句首，实当上属，与“即此数节”成句。

“胜举”之“举”字，原碑从“文”从“子”，实为“学”字之俗体。“胜学”不成词，释文断句有误。此句当断为：“即此数节矣，渡，前未有

之胜；学，其有关于世道，有堡□□”，仍接叙前之“设立义学”和“济渡”两事。

（十）谨锁钥而举迹潜，惩赌博而□惰惕

校证：“谨锁钥”之“钥”，查原碑，实为“龠”字，指钥匙，二字古音同但今音变异，可通假，并非繁简字关系。

“举迹”，发迹义。《北齐书·文宣帝纪》：“自举迹藩旟，颂歌总集，入统机衡，风猷弘远。”但与此处上下文文意不协。原碑“举”字，字迹涉漶漫，且与前之“举”字刻法大异，上部存“臼”字之右半部，下部存“几”之形，中存一“干”甚为明晰，则当隶定为“鼠”字。且“鼠迹”与上句之“丑类”相对，与前之“谨锁龠”相关。“鼠迹潜”指鼠辈之行迹潜藏，文意明允。

又，“□惰惕”，考察原碑，空围“□”当为“游”字，“游惰”本指游手好闲的懒惰之徒。

（十一）文武协恭，其民交善

校证：“其”字，查原碑，实为“兵”字，原释文误释。且“文武协恭”与“兵民交善”，相对成文。

（十二）虽卓、鲁、龚、黄不过是也

校证：“虽卓、鲁、龚、黄不过是也”，“卓、鲁”指汉代卓茂、鲁恭，“龚、黄”为汉循吏龚遂与黄霸，皆泛指循吏，碑文以此类比岑映奎。但是“龚、黄”之后，当施一逗号，作“虽卓、鲁、龚、黄，不过是也”，则节奏感更强。

（十三）且素守清白，淡泊自□，饮水茹药，甘之如饴

校证：“茹药”之“药”字，“艹”头稍清晰，然下部已比较模糊，下左之“氵”以及“木”部依稀尚存，疑当作“藻”字。“饮水茹药”，常用语似无此说，通作“饮水茹藻”，指喝冷水吃淡味食品，比喻处境艰难，适

与上下文义一致。

（十四）其日用必需，悉照时俗，现价一草一木，从未妄取丝毫

校证：“悉照时俗”，原碑“俗”作“值”，“时值”即当时价格，与下之“现价”相应。

又，“现价一草一木”费解，当断句为“其日用必需，悉照时值现价；一草一木，从未妄取丝毫”，中间用分号间隔。

（十五）是以上召天和雨旸。时若大有□□

校证：此断句大误。“雨旸时若”指晴雨适时，气候调和，语出《尚书·洪范》“曰肃，时雨若；曰乂，时旸若”，后定型为成语，不宜强行断开。故当断句为“是以上召天和，雨旸时若”。

（十六）常属敉乎者，虽曰仰赖神灵之默佑，实惟公诚所感耳

校证：“常属敉乎者”费解，查原碑，“属”字当为“庆”字，字形较明晰，“乎”字当为“宁”字，轮廓尚在。“敉宁”，意为安抚安定，语出《尚书·大诰》“民献有十夫，予翼以于，敉宁武图功”。且“大有□□”当与“常庆敉宁”衔接，后承辅助性代词“者”字相续成文。“□□”两字剥泐，疑为“八方”，待考。

（十七）勒之贞珉以志。公之施德政于唐崖□朽也，后之君子亦得有感于斯文

校证：“亦得”之“得”，原碑为“将”字，甚为清晰，当校正。

此句当断为“勒之贞珉，以志公之施德政，于唐崖□朽也。后之君子，亦将有感于斯文”。

（十八）□□□□年庚午岁孟冬月日吉

校证：“日吉”，原碑即此，殊为特殊，通作“吉日”。

故全碑文字当释为：

公讳映奎，字凌山，西粤鼎族也。名震海内，先业簪缨相继，照耀史册，无容赘述。计□〔功〕赴楚候补，几及十载，凡承委办公，靡不竭尽心力。更持身廉洁，谦厚慈祥，兼乐善好施，迹难备举。于壬戌之秋，奉简命分守唐岩。缘是地处极边，□山僻壤，户口零星，不敌大都三一。绥内制外，措置甚苦。前之历官于斯者，非不设法兴除，而土俗民情，尚未画一。公莅任后，适奉□□〔署〕郡篆，兼顾两地，办理颇劳。癸亥八月，甫获旋署，专司厅务。下车之始，即敬肃恭谒汉张侯庙。目击上下二殿，尽属倾圮。四周测之，爰是乐捐清俸，鸠工庀材，装塑营建，不数月而上下先后次第落成，庙貌焕然一新。复又捐俸，设立义学，诸童咸□向□鼓舞，争自濯磨。至赈孤而枯魂沾惠鲜之施，济渡而往来受履平之福。即此数节矣，渡，前未有之胜；学，其有关于世道，有堡□□，足以铭金石而垂久远也。他若严保甲而丑类绝，谨锁禽而鼠迹潜，惩赌博而游惰惕，课农桑而怠夫奋，禁讦告而善良安，慎□□而曲直剖，化披〔被〕里淳，风清俗美，文武协恭，兵民交善，悉由学道爱人以致之，虽卓、鲁、龚、黄，不过是也。且素守清白，淡泊自□，饮水茹藻，甘之如饴。其日用必需，悉照时值现价；一草一木，从未妄取丝毫。绥边靖地，洁己爱民。是以上召天和，雨旸时若，大有□□，常庆敉宁者，虽曰仰赖神灵之默佑，实惟公诚所感耳。守寺敢忘其所自哉？勒之贞珉，以志公之施德政，于唐崖□朽也。后之君子，亦将有感于斯文。

二 "丁卯年立碑"原释文

碑额题"丁卯年立"四字，首题：

特授湖北施南协左营唐崖泛军功加三级纪录五次龚讳宏基

末题：

特授湖北施南协左营活龙坪泛军功加三级纪录五次谭讳永禄[①]

碑文皆为捐资人名，161位捐资人分别捐资40钱至320钱不等。

（一）特授湖北施南协左营唐崖泛

校证："唐崖泛"，殊无义，当为"唐崖汛"，"泛""汛"二字，方言音同，且字形相近，易致讹。汛地，清代兵制中，凡千总、把总、外委所统率的绿营兵均称"汛"，亦作"讯"，其驻防巡逻的地区称"汛地"。

又，下之末题中"活龙坪泛"，亦当为"活龙坪汛"。

其他捐资人姓名功德钱款，语涉繁碎，不予校证。然其于社会学亦有研究价值，可以待诸有兴趣之方家。

三　"万古不朽碑"原释文

夫计利之心未惩，不堪与论，义徇私之见未化，不足与言。公征诸往事，岂不皆然？曩者于桓侯庙前后所施钱文，共计一百七十七千，其每年所存之谷，亦不下十余石。有此公本，不知归于何所，使不一为振理，后悉徒有名而矣。其实今清所施项，仅剩钱八拾二千，用是再刻碑记，将所剩之钱交与住持执掌。□年出谷二石半，作灯戏之用，半作庙会之用。在于每年会期，请施主、首人清算，明白以碑修于，岂穷非敢□，好善乐施，聊以明不至磨灭云尔。

光绪四年孟秋月朔八[②]

① 李梅田、方勤：《唐崖土司城张王庙石刻考述》，《三峡论坛》2013年第5期，第8页。

② 李梅田、方勤：《唐崖土司城张王庙石刻考述》，《三峡论坛》2013年第5期，第8页。

（一）夫计利之心未惩，不堪与论，义徇私之见未化，不足与言。公征诸往事，岂不皆然？

校证：“不堪与论”“不足与言”似为相对成文，而且“公征诸往事”之“公”，似有所指，实大谬。本处当断句为“夫计利之心未惩，不堪与论义；徇私之见未化，不足与言公”。“不足与言公”与“不堪与论义”相对，则前后文意一以贯之，文通理顺。此段文字本为论世之常理，并无“某公”之嘉言懿行。

又，“岂不皆然”之“岂”字，原碑为“无”字之草体，故当为“无不皆然”，为一般性双重否定句，则后之问号当改作句号。

（二）共计一百七十七千

校证：前一“七”字，殊无根由。勘察原碑，字形作“乙”，旧时账册之类数字书写，“一”多作“乙”，于碑刻中，亦可以视作为前之“一”字变体，故当隶定为“一”。

（三）后悉徒有名而矣。其实今清所施项

校证：“而矣”终句，于古籍中甚为少见。细检原碑，“矣”字实为“无”字，则原释文字形、断句皆有误，当作“后悉徒有名而无其实”，其后终句。

又，“今清所施项”，原碑“施”字之后脱一“之”字，当补。

（四）□年出谷二石半，作灯戏之用，半作庙会之用

校证：“□年”之“□”，字形模糊，但仍存大概，上之“𠂉”形和中间一长横较为清晰，当为“每”字，且与碑刻下文“在于每年会期”之“每”字形近似。

又，“作灯戏之用”与下文“半作庙会之用”，明显不对称。实为上句“出谷二石半”之“半”字误置，应下属，则本为“出谷二石，半作灯戏之用，半作庙会之用”，即一石充作灯戏费用，一石充作庙会费用。

（五）请施主、首人清算，明白以碑修于，岂穷非敢□，好善乐施

校证：“明白以碑修于”，明显表意不清。“明白”二字当上属为“清算明白”。

又，“以碑修于，岂穷非敢□”，亦费解。细考碑刻，“岂”实为“无”字繁体草书，“□”之笔画依稀可见，当是“云”字。则全句当点断为“以碑修于无穷，非敢云好善乐施”。

（六）光绪四年孟秋月朔八

校证：“朔八”，古人行文纪日，绝无此种说法。原碑“朔”字形斑驳，但仍可略辨，当为“廿”字，且碑刻“八”字下尚有一“日”字，则“光绪四年孟秋月朔八”当为“光绪四年孟秋月廿八日”，光绪四年即公元1878年。

故全碑文字当释为：

夫计利之心未惩，不堪与论义；徇私之见未化，不足与言公。征诸往事，无不皆然。曩者于桓侯庙前后所施钱文，共计一百一十七千，其每年所存之谷，亦不下十余石。有此公本，不知归于何所，使不一为振理，后悉徒有名而无其实。今清所施之项，仅剩钱八拾二千，用是再刻碑记，将所剩之钱交与住持执掌。每年出谷二石，半作灯戏之用，半作庙会之用。在于每年会期，请施主、首人清算明白。以碑修于无穷，非敢云好善乐施，聊以明不至磨灭云尔。

光绪四年孟秋月廿八日

四　“名垂万古碑”原释文

重修张王庙碑记

唐崖司城所有张王庙由来久矣，虽前有殿宇楼台，半为风蚀雨败，

因咸丰十二年烁发贼撺入黔邑，我境震恐，咸聚祷于神，祈为护佑，遂见神之金身及两石马，均汗流不息。寺僧揩之，入夜方止。贼至现坝场，大风吹倒贼旗者，三日如是，因此未敢入境。及同治元年春，贼由湖南来咸邑，直抵两河口岸。所见对面山上人马纷扰，疑惧不敢渡河，拥众而去，其实并无人迹。我境两次得免贼害者，皆由神威所致。自是以后，欲报无由，只得募众捐助，整饬楼台，培修殿宇，三年之中，众心踊跃，功成告竣，遂成今日之巨观。所以酬神恩于万一，更祈神之长垂护佑于无穷也。爰叙其原委以识之。

钦赐蓝翎特授湖北施南协左营唐崖泛司厅尽先分府陈（官印）大福

起募首人钦赐蓝翎特授湖北施南协左营唐崖泛司厅升用分府可（官印）观富

次募首人钦加理问衔特授湖北施南府咸丰县张家坪左堂张（官印）鹏翰

捐钱五串唐崖本城老人始终募化总理监修鸠工首士罗（篆）高（时年七十余，前同治三年六月初七夜，偶得急病，祝神当愈，灵感以致不息。）

碑末题款：

大清光绪六年七月上浣之二日唐崖本城绅耆同众首士公议立①

光绪六年即 1880 年。

（一）唐崖司城所有张王庙由来久矣

校证：“唐崖司城所有张王庙由来久矣”，中间施加一逗号，节奏感更强，且语意已经完结，句尾当断句，作“唐崖司城所有张王庙，由来久矣”。

① 李梅田、方勤：《唐崖土司城张王庙石刻考述》，《三峡论坛》2013 年第 5 期，第 89 页。

（二）及同治元年春，贼由湖南来咸邑，直抵两河口岸。所见对面山上人马纷扰，疑惧不敢渡河，拥众而去，其实并无人迹

校证："直抵两河口岸"语意未完，"直抵"与其后之"所见"，属于连续陈述，不当截句，故"直抵两河口岸"之后，当为逗号。

（三）钦赐蓝翎特授湖北施南协左营唐崖泛司厅

校证："唐崖泛"，当为"唐崖汛"，见前之校证。下文之"唐崖泛"亦同，不烦校证。

本碑释文错讹较少，不烦重释全文。

张王庙所存七方重修庙宇碑刻的保存情况不容乐观，这是造成原释文讹误的最主要原因。但是作为世界文化遗产中少有的石刻文字材料，其隶定字形以及点校，态度上也应该特别慎重。本文结合原碑，对原释文予以重勘，检出四十多条不同意见，或有补于张王庙碑刻的传承和唐崖土司城的推介。

《三峡文化研究》第 15 辑
第 087 ~098 页

王定安生平与著作考略*

黄河　张潮**

摘　要：关于王定安的生平与著作情况，史料记载零落星散、语焉不详。现有王氏传记也大多简略粗疏，不足采信，有必要再做详考，以便深入了解其学术成就。王定安官至署理山西布政使，因罪革职，此后时常偃蹇湖山，以著述终老。其大部分著作在后半生完成，成果丰硕，见于文献记载的大约有二十余种名目，见于各种古籍书目及各大图书馆馆藏书目著录的有十六种。他是众多历史大事的亲历者或见证者，其著述保留了很多翔实可靠的晚清史料，对晚清历史研究具有参考价值。

关键词：王定安　湘军记　《求阙斋弟子记》　《两淮盐法志》

王定安在中国学术史上知名最初是因为他编撰的《湘军记》。王定安《湘军记》是与王闿运《湘军志》相抗辩的湘军史著，关于两书是非短长的争论成为一桩学术公案。梁启超认为《湘军记》内容翔实，颇为赞赏。① 除此之外，因为史料记载零落星散而且语焉不详，王定安的生平事迹、学术活动和著作留存情况大多不为人知。

* 本文为三峡文化与经济社会发展研究中心 2017 年开放基金项目“王定安学术研究”（2017KF02）的研究成果。

** 黄河（1980 ~），历史文献学博士，三峡大学马克思主义学院副教授，三峡文化与经济社会发展研究中心研究员，主要研究方向为历史文献整理与研究、中国近现代史基本问题研究；张潮（1989 ~），三峡大学马克思主义学院硕士研究生，主要研究方向为中国近代史基本问题。

① 梁启超：《中国近三百年学术史》，上海古籍出版社，2014，第 270 页。

王定安是宜昌籍历史人物，多种地方文献刊载过他的传记，其中影响较大的有《宜昌县志初稿》卷二十九《王定安传》；熊楚洪先生的《东湖著名学者王定安》，见于《宜昌文史资料》第十三辑；欧阳运森先生的《史志文献著作家王定安》，见于中国文史出版社的《夷陵国宝》。《宜昌市志》《宜昌文化志》也有王定安的传记，关键信息出入不大。前人在有限的条件下仍然揭示出一些有关王定安的珍贵信息，实属不易，但大多没有详细注明文献来源，很多信息无从核实。最主要的缺陷还在于，这些对王定安生平事迹的记述过于简略粗疏，对其著述的收集不够全面完整，而且有些许臆断和错误，容易在流传的过程中以讹传讹。

因此，笔者根据现有资料，对王氏的生平事迹再做更加详细的考证，尽量用零散的史料连缀出一个完整的人生轨迹；对王氏的著作情况再做进一步的收集和查考，尽可能做到准确和完整。

一　王定安的生平

王定安，字仲貘，号文白，一号鼎丞，清湖北东湖县（今宜昌市）人。宜昌地方文献上的多种传记都称王定安“字鼎丞”，包括以上提到的《宜昌县志初稿》《宜昌文史资料》等。笔者查，《曾国藩全集》载王定安加入曾国藩幕府不久，曾国藩在给曾国荃的家书中称：“此间幕府有王定安，号鼎丞，湖北东湖人，以分发江苏知县，贺云黼荐至兄处，学习安详，有识。”[①]另据黎庶昌《黎氏续古文辞类纂》收录王定安《跋定州牧马佳君祠碑》，题名下有双行小字，注明王定安“号鼎丞”[②]。黎庶昌与王定安同为曾国藩门下弟子，入幕的时间也差不多，时常跟随曾国藩左右“以文学从容问难”[③]，两人关系比较亲密，其对王定安字号的记载也跟曾国藩所言相符，应该无误。夷陵区陈斌老师得到一份“优贡名册”图片，其中也明确记

① 曾国藩：《曾国藩全集》，岳麓书社，2011，第446页。

② 黎庶昌纂《黎氏续古文辞类纂》，国学整理社，1936，第919页。

③ 王定安：《〈曾文正公事略〉序》，《曾文正公事略》卷首，光绪元年龙文斋刻本。

载“王定安字仲貘，号文白，一号鼎丞”[①]。是以“鼎丞”当为王定安之别号无疑。

王定安生于道光十三年（1833 年），幼年聪慧，“少负异才，不谐于俗”[②]。十三岁中秀才，咸丰十一年（1861 年）拔贡[③]，同治元年（1862 年）中举人[④]，同时中举的还有宜都人杨守敬[⑤]，后分发江苏昆山知县[⑥]。

同治四年（1865 年），曾国藩北上剿捻，经扬州、清江浦抵徐州，王定安由贺云黼引荐，加入曾国藩幕府。[⑦] 其间为曾国藩校订《十八家诗钞》，被曾氏称赞“器识宏雅”[⑧]。但王定安加入曾国藩幕府的时间较晚，在曾氏幕僚之中资历较浅，名望也比不上同时代的黎庶昌、吴汝纶、薛福成等人，这也限制了他在仕途升迁的空间。

同治十一年（1872 年），曾国藩去世，王定安赴湖南整理曾氏遗稿，其间撰成《求阙斋弟子记》《曾文正公事略》。当时曾国荃开缺在籍，常与王定安讨论曾氏“先世懿德”[⑨]，两人的亲密关系应该就在此期间奠定。由此也可知《宜昌市夷陵区文史资料》及《宜昌文化志》、《宜昌市志》称王定安担任曾国藩幕僚二十余年显然错误，从同治四年入幕到同治十一年曾国藩去世只有七年。王定安自称“佐曾文正公戎幕、从今宫太保威毅伯游者二十余年”[⑩]，是合计追随曾国藩、曾国荃兄弟的时间而言。

光绪元年（1875 年），曾国荃出任山西巡抚，是时李鸿章为直隶总督，王定安为直隶候补道。光绪二年（1876 年），山西大旱，王定安受曾国荃

① 陈斌：《王定安的家世与官职考》，《宜昌市夷陵区政协文史资料》第十八辑，三峡电子音像出版社，2018，第 33 页。
② 曾国荃：《〈湘军记〉叙》，《湘军记》卷首，光绪十五年刊本。
③ 熊楚洪：《东湖著名学者王定安》，《宜昌市文史资料》第十三辑，1992，第 81 页。
④ 黎庶昌纂《黎氏续古文辞类纂》，第 919 页。
⑤ 杨守敬：《邻苏老人年谱》，大陆书局，1933，第 16 页。“己卯四十一岁”条称王定安为“同年”，杨于同治元年中举，王应在同时。
⑥ 曾国藩：《曾国藩全集》，第 446 页。
⑦ 王定安：《〈曾文正公事略〉序》。
⑧ 曾国藩：《曾国藩全集》，第 827 页。
⑨ 王定安：《〈曾文正公事略〉序》。
⑩ 王定安：《〈湘军记〉自叙》。

邀请，以直隶候补道员入晋赈灾。运江广漕米五万石，率先从获鹿、井陉批岩凿山进入山西，以解晋省燃眉之急。此后几次往返山东山西，筹运赈灾钱粮，曾国荃大为倚重。[①] 后经曾国荃咨请李鸿章，以王定安留驻太原什贴，稽查东路各个转运局事务。又经曾国荃屡次疏请力荐，王定安留山西委用，历任冀宁道、署理山西按察使。光绪六年（1880年），曾国荃调驻山海关督办京东军务[②]，护理山西巡抚松椿奏委王定安署理山西布政使[③]。

光绪七年（1881年），张之洞任山西巡抚。光绪八年（1882年），张之洞参劾王定安"播弄事端""贪渎营私""滥发款项""蒙销侵蚀"等罪名，王随即被革职，并被发往张家口军台效力赎罪。[④] 曾国荃也因"滥保道员"被革职留任。[⑤] 光绪九年（1883年），经军机处复核，王定安"蒙销侵蚀"查无确据，滥发各款则令分别追缴。[⑥] 光绪十一年（1885年），王定安被加恩从军台释回。[⑦] 所以，王定安发配军台约有三年之久，多种传记称王氏充军一年之后即平反昭雪，显然与史实不符。

光绪十二年（1886年）至十五年（1889年），王定安往来宜昌、南京、长沙各地，受署两江总督曾国荃委托撰成《湘军记》，并重修《宗圣志》，同时编成《曾子家语》。在编修《宗圣志》期间，经王定安建议，曾国荃派专人前往山东嘉祥曾子故里收集家乘碑记，山东巡抚张曜也鼎力协助。[⑧] 是时山东水旱成灾，因为王定安捐助山东赈款，张曜奏请朝廷赏还王定安被革

---

① 梁小进主编《曾国荃全集》第1册，岳麓书社，2006，第315、332、365页；梁小进主编《曾国荃全集》第3册，第530页。详见光绪四年四月二十七日《转运漕赈各员请奖疏》、五月二十七日《缓征上忙疏》附片、九月二十日《请仍给奖道员遇缺题奏片》等疏奏，正月《复王鼎丞》书札，以及王定安《曾忠襄公年谱》卷三。

② 王定安：《曾忠襄公年谱》卷三，光绪二十九年刻本，第19页。

③ 松椿：《奏为委令王定安暂行兼署藩篆事务事》，光绪六年十二月二十五日，中国第一历史档案馆，03-5154-136。

④ 苑书义等主编《张之洞全集》卷四《特参贻误善后各员片》，河北人民出版社，1998，第110~113页。

⑤ 王定安：《曾忠襄公年谱》卷三，第23页。

⑥ 《清实录·德宗景皇帝实录》卷一百七十一，中华书局影印本，1987，第393页。

⑦ 《清实录·德宗景皇帝实录》卷二百六，中华书局影印本，1987，第917页。

⑧ 王定安：《〈宗圣志〉序》，《宗圣志》卷首，光绪十六年刻本，第1页。

除的“原衔翎枝”[①]，没有成功。

光绪十五年十一月，曾国荃筹资设局重修《两淮盐法志》，派委王定安为总纂，至光绪十九年（1893年）二月书成，历时三年余，曾国荃已于光绪十六年（1890年）十月去世。修志期间，经继任两江总督刘坤一疏请，光绪十七年（1891年）开复王定安已革衔翎，以道员在江苏补用[②]，所以成书署名“总纂：二品衔江苏特用道、前山西冀宁道、历署山西按察使、布政使臣王定安”。《两淮盐法志》修成后，再经两江总督刘坤一疏请，凡修书有功人员都受到褒奖，尤其是总纂王定安从优议叙。[③]

王定安在仕途上最辉煌的阶段，是从以候补道员的身份进入山西赈灾到署理山西布政使期间。此时，他也显示了出色的摄藩经世才干，很受曾国荃、阎敬铭和李鸿章的赏识。自从被张之洞参奏革职、发配军台之后，王定安的命运陡转直下。受该案的影响，加上年事渐高，王定安很难在仕途再有建树，时常偃蹇湖山，以著述终老，时人多惜之。也正因为仕途穷蹇，王定安的大部分著作都在后半生完成，而且成果丰硕。正如曾国荃所言：“然鼎丞不穷，则其著书必不能工且赡，信今传后如此觥觥也。”[④]

晚年的王定安曾任安徽凤颍六泗道，光绪二十四年（1898年）卒于任所，归葬于宜昌市夷陵区良田畈村，时年六十五。[⑤] 经笔者调查，墓地早已无法查考，当地也没有人宣称是王定安的后人，大概王氏后裔早已不在当地生活。

二　王定安的著作

王定安一生著述宏富，但目前学界对其著作的名目、数量以及存佚情况

① 张曜：《奏为已革山西道员王定安捐助山东赈款请赏还原衔翎枝事》，光绪十五年十月初七日，中国第一历史档案馆，03－5596－085。

② 刘坤一：《奏为已革道员王定安许继衡才堪任使可否录用请旨事》，光绪十七年六月二十九日，中国第一历史档案馆，04－01－12－0551－014。

③ 刘坤一：《为重修两淮盐法志告成缮写黄册恭呈御览仰祈圣鉴事附片》，《两淮盐法志》卷首，光绪三十一年刻本。

④ 曾国荃：《〈湘军记〉叙》。

⑤ 熊楚洪：《东湖著名学者王定安》，第81、82页。据作者称，这篇传记是根据王定安的家族后裔王希文所写的文稿整理完善而成，当有所本。

尚缺乏系统的整理和深入的研究，所以流传中的相关信息也歧误百出。有传记称王定安有传世著作十五部，逾千万字，《宜昌文化志》及《宜昌市志》也沿用此说，其实这个数据是未经考证的臆断，有些夸张。又如沈云龙《近代中国史料丛刊》影印收录《曾忠襄公批牍》，并无牌记，也没有其他可靠的依据可供推断，误以为王定安编辑。其实湖北省图书馆藏有光绪二十九年刊本，著录为萧荣爵编辑。还如《宜昌县志初稿》著录王定安《平回纪事本末》十卷，《中国古籍总目》则著录为四卷稿本，究竟是著录有误，还是稿本不全，需要进一步核实。诸如此类，不一而足。

经笔者仔细搜罗，详加考证，比较精确地估算，王定安的传世著述见于文献记载的大约有二十余种名目，累计400余万字，但目前见于各种古籍书目及各大图书馆馆藏书目著录的只有十六种。

1.《曾文正公事略》，四卷、附一卷，王定安撰、李鸿章审定。是书采用编年体，起曾国藩出生之年嘉庆十六年（1811年），讫曾氏病亡之岁同治十一年（1872年），以时间为序简述曾氏家世、履历、事功与身后荣典，对其治乡团、创水师、督率湘军出援各省的战功及其在两江直隶总督任内的政绩记载较为详细。《事略》与王定安另一部著作《求阙斋弟子记》有紧密的关系，差不多是《求阙斋弟子记》的缩略本，虽然刊出在前，成书其实在《求阙斋弟子记》之后。王定安在自序中说："书（《求阙斋弟子记》）既成，累百余万言，虑观者难辩及，乃撮其事之钜且要者为《事略》四卷。"①是书有光绪元年龙文斋刻本，湖北省图书馆有收藏。

2.《求阙斋弟子记》，三十二卷，王定安撰。求阙斋是曾国藩的书斋名，王定安作为曾氏门人，自称"求阙斋弟子"。曾国藩去世以后，王定安赴湖南整理曾氏遗稿期间，"乃述中兴来兵事本末，以湘军为纲，而他军战绩及外洋交涉、盐漕河工俱备焉。依宋人刘仲原父《弟子记》之名，命曰《求阙斋弟子记》"②。宋儒刘敞字原父，有《公是先生弟子记》。王定安仿照刘敞《公是先生弟子记》之名，作《求阙斋弟子记》。是书既以时间为序

① 王定安：《〈曾文正公事略〉序》。

② 王定安：《〈曾文正公事略〉序》，《弟子记》前无序言，并序于《事略》卷首。

详细记述曾国藩家世、履历、事功与身后荣典，并有对曾氏章奏、书札、日记和诗文的摘抄，因此兼有传记和笔记的性质。是书由龙文斋刊成于光绪二年，湖北省图书馆有收藏。

3.《曾文正公大事记》，四卷，王定安编，李鸿章、曾国荃审定。是书内容与《曾文正公事略》差别不大，似乎是一种书两个版本。有一说法是，李瀚章、李鸿章兄弟编纂《曾文正公全集》的时候，将《曾文正公事略》删去卷首序言和卷末附录，更名为《曾文正公大事记》。笔者查，《曾文正公全集》第一部收录的《曾文正公大事记》的确是将《曾文正公事略》删去首尾而成。但南京图书馆不仅著录《曾文正公大事记》有光绪二年传忠书局刻本，还有同治十三年钱宝忠斋刻本，是《曾文正公大事记》有单行本在《曾文正公事略》之前。是书流传版本以民国石印本居多，钱宝忠斋本仅见于南京图书馆，传忠书局本见于南京图书馆和武汉大学图书馆。

4.《三十家诗钞》，六卷、卷首一卷，曾国藩纂，王定安增辑。王定安曾为曾国藩校对《十八家诗钞》，是书于唐以前诗人仅选录曹植、阮籍、陶潜、谢康乐、鲍照、谢朓等六家。因此，王定安推广其义，增辑魏晋六朝二十四家，共计 1847 首诗歌，合为《三十家诗钞》。是书“仍从曾氏体例，以五言为限。并于僻涩之处，略加诠释。在凡例中称其所选诸家兼采集外之诗，校正文选中之脱误，综选魏诗之善本”①。是书有同治十三年传忠书局刻本，湖北省图书馆有收藏。

5.《宗圣志》，二十卷，曾国荃审订、王定安编辑。《宗圣志》又称《曾氏宗圣志》，是记载曾子言行、世系以及历代崇祀本末的专志。明嘉靖年间，诏录曾子之后为五经博士世袭，并在山东嘉祥曾子祠墓所在地世守祠庙。万历二十三年（1595 年），曾子裔孙、翰林院五经博士承业始修《宗圣志》。崇祯二年，再由吕兆祥续修。光绪十五年，王定安客居金陵，受署理两江总督曾国荃委托校订重刊《吕志》。于是，王定安亲往山东考查，然后

① 欧阳运森：《史志文献著作家王定安》，《夷陵国宝》，中国文史出版社，2009，第 267 页。欧阳运森先生是前夷陵区档案馆馆长，且馆内藏有宣统元年上海崇善堂石印本《三十家诗钞》。

对《吕志》进行了仔细的校订，并重定体例，增补崇祯以后宗裔、典祀、林墓祠庙、祭田户役等变化的情况，另撰《宗圣志》二十卷。[①] 是书有光绪十六年金陵木活字印本，湖北省图书馆有收藏。

6.《曾子家语》，六卷，曾国荃审订、王定安编辑。王定安在校订《宗圣志》的过程中，发现“所述曾子言行颇多星漏且不详，所本盖沿明人臆断锢习，芜杂不复成章”，于是利用闲暇“旁搜载籍，得五万余言”，仿照宋朝薛据《孔子集语》，编为二十四篇，谓之《曾子集语》。[②] 书成之后，经曾国荃审订，删为十八篇，更名《曾子家语》。是书有光绪十六年金陵刻本，湖北省图书馆有收藏。

7.《湘军记》，二十卷，王定安撰。是书专门记述晚清湘军历史。在此之前，王闿运曾受曾国藩之托撰成《湘军志》，但对湘军多讥贬，加之体例不全，诸多记载不实，引起在世湘籍名宦如曾国荃、郭嵩焘等人的极大不满。于是，王定安受曾国荃委托，撰成《湘军记》隐为抗辩。该书所载自道光三十年（1850年）太平军初起至光绪十三年（1887年）新疆设置郡县，“以湘军为纲，而它军战略附焉”[③]。分粤湘战守、湖南防御、规复河北、援守江西（上、下），规复安徽、绥辑淮甸、援守金陵（上、下）、谋苏、谋浙、援广闽、援川陕、平黔、平滇、平捻、平回（上、下）、勘定西域、水陆营制等篇。体例完备，资料翔实。是书有光绪十五年江南书局木活字印本，比较常见，国内各大图书馆都有收藏。

8.《两淮盐法志》，一百六十卷、卷首一卷，王定安等纂。是书为清代两淮盐政的典章制度史。清朝曾经五次修纂《两淮盐法志》，康熙三十二年（1693年）创修，雍正六年（1728年）续修，乾隆十三年（1748年）再续，嘉庆十一年（1806年）三续。光绪十五年（1889年），署理两江总督兼理两淮盐政曾国荃鉴于两淮盐法屡经变更，又经过战争的破坏，制度混乱，典章缺失，于是筹资设局，以王定安为总纂重修《两淮盐法志》。是书

---

① 王定安：《〈宗圣志〉叙》。

② 王定安：《〈曾子家语〉叙》，《曾子家语》卷首，光绪十六年刻本。

③ 王定安：《〈湘军记〉自叙》。

在嘉庆续修的基础上，大力收集整理资料，统以十门，分九十九个子目，凡一百六十卷。光绪十九年成初稿进呈，户部签驳一千三百余条发还。光绪二十九年（1903 年），两江总督魏光焘复饬孙志焄等人重加校正，修订付梓，成书凡王制、沿革、图说、场灶、转运、督销、征榷、邻税、职官、优恤、捐输、杂记十二门。是书有光绪三十一年金陵刊本，比较常见，国内各大图书馆都有收藏。

9.《曾忠襄公年谱》，四卷，王定安撰、萧荣爵增订。是书为王定安给曾国荃编撰的年谱，曾国荃谥“忠襄”。全书分四卷，卷一记述曾国荃在湘鄂皖苏等地与太平军的战事，卷二专记剿捻军战事，卷三主要记述山西赈灾原委，卷四主要记述曾国荃在中法战争期间的作为。是书是了解曾国荃生平的重要参考资料，并对研究清末政治、军事等有参考价值。有光绪二十九年刻本，比较常见，沈云龙《近代中国史料丛刊》将该本影印收入，并与萧荣爵《曾忠襄公批牍》合编，题名为《曾忠襄公批牍·年谱》，统一归为王定安撰，有待商榷。湖南省图书馆收藏有原刊本。

10.《塞垣集》，六卷，王定安撰。是书为王定安本人的诗集，据《宜昌文史资料》，为王定安被发张家口军台时所作，收录诗歌 405 首，且以赋边塞形胜和感咏时事为主要内容，间及史事。[①] 湖南省图书馆著录有宣统三年京师京华印书局铅印本。另据《中国古籍总目》所载，此书也只有这一种版本，中国国家图书馆、上海图书馆也有收藏。

11.《刘武慎公行状》，一卷，王定安撰。刘长佑谥“武慎”，是书简要记述刘长佑的毕生事迹与事功。湖南省图书馆著录有光绪十六年金陵刻本一卷，另据《中国丛书综录》，《刘武慎公遗书》附有《行状》，《遗书》亦有光绪十六年金陵刻本。《遗书》之《行状》是否为载有王定安所撰，有待考查。

12.《金刚经联语》，一卷，王定安辑。内容不详，根据题名来看应该是王定安收集整理的跟《金刚经》有关的联语。湖南省图书馆著录有光绪十二年江南书局刻本一卷。

---

① 熊楚洪：《东湖著名学者王定安》。

13.《分类详注曾文正公大事记》，二卷，王定安编。内容不详，根据题名判断应该是对《曾文正公大事记》的注解和补充。湖南省图书馆著录有民国18年上海广益书局石印本。

14.《曾文正公水陆行军练兵志》，四卷，王定安纂，王廷学校。《湖南古旧地方文献书目》载，是书有光绪十年刻本藏于中国国家图书馆，有光绪二十六年柏经正堂重刻本藏于湖南省图书馆。并称，是书分将材、用人、尚志、诚实、勇毅、严明、公明、仁爱、勤劳、和辑、兵机、战守等十二章，总结曾国藩创建湘军、数年征战、历经胜败之经验。[①] 笔者查，湖南省图书馆的藏书目录也著录有光绪十年本，另杨晏平《清代军政资料选粹》影印收入该本。

15.《平回纪事本末》，四卷，王定安撰。是书至今未见刊本，据《中国古籍总目》，有四卷稿本藏于南京图书馆。《宜昌县志初稿》引《空舲寿言》称，王定安在张家口军台时，“觅得《天方各丛记》，稽合史传，博访清代平回事，著《平回纪事本末》十卷”，内容是“综记有清一代平回之战事”[②]。笔者估计，《空舲寿言》应该是王定安本人的自序性文章，《天方各丛记》则不知何书，并不见于他处著录，所言十卷也与《中国古籍总目》不符，或者县志有误，抑或稿本不全，有待进一步考证。

16.《宝宋阁书籍法帖字画目录》，不分卷，王定安撰。是书显然是王定安的收藏目录。宝宋阁为王定安书斋名，《湖湘近现代文献家通考》[③] 载有其藏书印“王氏定安”“夷陵王氏宝宋阁收藏之印”等。据《清代目录提要》，有稿本一册不分卷藏于清华大学图书馆，该馆供稿称：“本目录前序注明王氏全部藏书、法帖、字画均以书箱盛装，因而，全目也就分为书籍、法帖、字画三部分，以箱号为序。书籍，共五百六十五部，书名、册数俱全，宋元版、抄稿本均注明，丛书均列子目。有宋版十部，元版九部，抄稿本十六部，丛书十九部。藏书内容一般，但有关湘军、曾氏家庭、盐法志及

---

① 湖南图书馆编《湖南古旧地方文献书目》，岳麓书社，2012，第94页。

② 宜昌县志局编《宜昌县志初稿》卷二十四，1988。

③ 郑伟章、姜亚沙：《湖湘近现代文献家通考》，岳麓出版社，2007，第127页。

近代英法德俄等国介绍的书籍，引人注意。法帖，共二百一十帖，上自商周秦，下至明清，无所不有。其中有一些珍品，如石经、石鼓文。还有‘秦邮法帖’、‘汉孔庙百石卒吏碑’、‘河阳李翕碑’；‘唐太宗手诏’、‘唐王训碑’、‘武则天字书’、‘怀素大草千字文’、‘柳公权书符璘碑’；‘宋蔡忠惠公诗帖’、‘欧阳文忠公泷冈阡表’及‘元赵文敏书后赤壁赋’等。字画，共一百四十轴，其中收藏了一些清代名人的手笔，如王觉斯的直条、林则徐的横幅、傅山的墨迹、蒋廷锡的梅花，还有陈圆圆小像以及慈禧太后所绘的花卉图等。所收著作的最下限为光绪三十年的《湘军记》，书目文字避清讳，得知本书目编辑于光绪末期。”[①]

另湖南省图书馆的书目著录有《东轩集图》拓本一幅，由王定安撰文、杨翰书、王鸿绘像，该图为清同治十三年（1874 年）长沙彭盛寿刻石、清光绪初年拓本，据著录信息被称为“长沙五刻之一”，应该小有名气。但笔者见闻有限，没有掌握更加细致和准确的信息。黎庶昌《黎氏续古文辞类纂》卷二十收录王定安《跋定州牧马佳君祠碑》，卷二十五收录王定安《山右救灾记》，且称王定安有文集《空舲文钞》。还有学者提到王定安还著有《彝器辨名》、《空舲随笔》、《空舲文稿》、《空舲诗稿》[②] 以及《敌酋名号录》[③]，大概都未刊行，稿本下落不明。

三 结语

王定安以湖北举人的身份进入能人云集的曾国藩幕府，出身并没有优势，加上他入幕较晚，资历较浅，仅仅以文学之士追随曾国藩左右，想在湘军集团中脱颖而出也实属不易。曾国藩去世以后，王定安跟山西巡抚曾国荃交情甚厚，受邀入晋省赈灾，于是迅速升迁，直至署理山西布政使。也因山西任上才干突出，功勋卓著，承部召问，时人一度“希其大用”[④]。不料受

① 来新夏主编《清代目录提要》，齐鲁书社，1997，第 295 页。

② 熊楚洪：《东湖著名学者王定安》。

③ 范凤书：《中国著名藏书家与藏书楼》，大象出版社，2013，第 282 页。

④ 曾国荃：《〈湘军记〉叙》。

到新任巡抚张之洞的参劾，以罪革职，发配军台，从此仕途一蹶不振。在名宦辈出的湘军集团中，王定安算不上显赫的人物，这应是其生平事迹史载不详的一大原因。

正因为官场失意，王定安专心著述，于是有大量著作流传后世。从王定安著作的内容来看，主要涉及史志、诗文、目录、金石几个方面。诗文以《三十家诗钞》《塞垣集》《金刚经联语》为代表，主要是诗文抄纂和文艺创作。目录著作仅见《宝宋阁书籍法帖字画目录》，是王氏个人的书籍字画收藏目录。金石著作只有《彝器辨名》一种，可惜原书存佚不明。所以，目前可见的王氏著述以史志为主，包括晚清军事史、典章制度史、人物年谱与传记等内容。可以断定，王定安的学术以史志编纂见长，尤其是《湘军记》《两淮盐法志》足以使他在学术史上占有一席之地。而且，他是众多历史大事的亲历者或见证者，“其所述者，非其所目睹，则其所习闻”[①]，其著述对晚清历史研究具有参考价值。

① 曾国荃:《〈湘军记〉叙》。

《三峡文化研究》第 15 辑
第 099 ~ 112 页

鄂西传统手艺造物生态观寻绎*

王祖龙　王曼苏**

摘　要： 鄂西传统手艺是农耕时代适应山地环境的生计技能，承载着山地民族的生计诉求和乡土文化精髓。鄂西传统手艺造物有崇实、尚朴、尊材、重技的传统，这种造物传统集中体现为一种生态造物观，与中国传统工艺造物所倡导的物以致用、顺天应人和天工开物的设计思想甚为合拍。鄂西传统手艺造物的思想，对增强民族文化认同和文化自信，构建新时期的设计文化、创新现代设计具有启示意义。

关键词： 鄂西山地民族　传统手艺造物　生态观　山地生计

一　山地生计与鄂西传统手艺造物

民族传统手艺是农耕时代的一种生计技能，是民众适应自然、利用自然、改造自然的创造性实践，承载着民众的生计诉求和乡土文化精髓。鄂西山地民族众多，其中土家族传统手艺造物最具代表性。土家族是一个山地民族，从巴人到土家族，土家人主要生活在地僻山深、山大林密的武陵山中。山地生活环境决定了人们的生计方式，而山地生计方式使他们的日常穿戴、起居、生产、生活、祭祀、娱教、装饰、游艺乃至经济往来、文化交流等，

---

* 本文为2013年国家社科基金项目“武陵民族地区手工技艺生态化保护与社会经济互动发展研究”（13BMZ067）的阶段性研究成果。

** 王祖龙（1966 ~ ），三峡大学民族学院教授，主要研究方向为艺术学、民族艺术和中国书法文化；王曼苏，女，意大利米兰美术学院硕士研究生。

无一不打上山地色彩。他们充分利用大自然的馈赠进行适应山地环境的改造和加工，由此形成了一整套有关山地生计的整体性知识系统。因之，鄂西山地民族传统手艺造物文化实际上也是顺天应人的生态造物文化。

（一）山地环境与手艺造物

鄂西山地民族世居的武陵山山地广大，面积约有10万平方公里。境内群山连绵，沟壑纵横，山高坡陡，峡谷幽深，地貌由高山、台地、河谷、小盆地、小坝子组成。土家族民间就常用“八山一水一分田”来概括这种自然地貌特征。山地生存环境造就了山地人家“靠山吃山，靠水吃水”的山地生计方式。以“居”为例，土家族吊脚楼的建造理念是“占天不占地”。武陵山地重峦叠嶂，平地有限，这使土家人在选择居住和村落布局时往往因地制宜，讲究依山傍水、聚族而居。为了不过多占用赖以生存的土地，同时也为了节省建材，人们充分利用斜坡地形，“依山而建，分台而筑”，采用将楼房和平房连为一体，前半部楼房架空、后半部平房接地的吊脚楼建筑。多山、多雨、多雾、多竹木的环境和潮湿的气候特点，决定了其建筑形制必然是以防水、防潮、通风、采光的“干栏”式木构吊脚楼为主。再以“行”为例，山高坡陡，“山陡石头多，出门就爬坡”的地形特征决定了山地人出行和劳作需选择适合山地行进的背负工具，于是就地取材、制作方便、安全实用、老少咸宜的背篓、背架子、木弓等器物应需而生。尤其是在鄂西山地人家竹背篓种类之多、造型之富、应用之广，令人叹为观止，形成了极富山地特色的背篓文化，成为武陵山寨的一道亮丽风景。总之，与衣、食、住、行、用、劳等生活、生产事象有关的造物，也无一不打上了山地生态烙印，是山地民族适应山地环境的生计技能的物化体现。

（二）山地资源与手艺造物

武陵山区地处北纬28°～30°，属于亚热带山地气候，气候温和湿润，雨量丰沛充盈，特别适宜嘉木柔材生长，境内山石、竹木资源甚为丰富。在同大自然进行物质能量交换的过程中，山地人家充分发挥当地的资源优势，就地取材，因材施艺，量材为器，以山石、竹木为材料，创制出了方便生产、生活的琳琅满目的器物。比如在土家人的生活中，竹木器物的品类甚为丰富，除了常见的竹背篓外，其他生产工具、坐卧用具、运载工具、炊食用器、礼俗用具，甚至游艺器材，皆可用竹木来打制。以传统竹制器物为例，生产工具有笆篓、箩筐、灰篼、筛篮、档席、晒席、挞斗、连盖、米筛、隔筛、毛盖、粑圈、响礨；日用家具有桌、椅、凳、床、箱、躺椅；炊食用器有碗、筷、瓢、饭篓、饭盒；洗刷用具有刷把、筲箕、箩篮、菜篮等。至于以竹篾编织而成的日常生活用品和工艺品更是不胜枚举，形成了最富区域特色和民族个性的竹编文化。再以石制器物为例，武陵山地多石，凿石为器在武陵土家地区有悠久的历史。20 世纪八九十年代，在清江沿岸发现了距今 12 万至 9 万年前后石器时代的珍贵的旧石器。约 1 万年前，土家先民巴人经历了从认识利用自然物体到打制、磨制石器的转变，促进了工具的改进和人群的分化。土家先民依托身边丰厚的石资源，开启了凿石为器、沟通天人死生的内心营构和艺术想象历程。即便是到了近现代，武陵土家人的生活也无不与“石”有关，从生到死，从居所到地穴，从百姓日用到信仰世界，从生活实用到精神审美，以石造物可谓无处不在，形成了鄂西山地民族开发利用自然资源的地方性系统知识和独具特色的石艺文化。

（三）生活方式与手艺造物

造物的目的在于使用，这也是世界上各民族传统手艺造物的本质属性。对鄂西山地民族而言，手艺造物主要用于解决山地生计问题和满足民俗活动的实用需要，这是山地民族传统手艺造物的内生动力。以土家族造物为例，归纳其造物类型，可以概括为两大类别：一类是生活实用类，主要是以满足日常穿戴、起居、生产、生活之用；一类是精神审美类，以满足民间信仰和民俗活动之需，如祭祀、娱教、装饰、游艺等。这两大造物类型，无不与山地生计紧密相关。

在日常生活方面，山地人的手艺造物主要满足民众衣、食、住、行、用、劳的需要，包括日常穿戴、起居、生产、生活所用的一切器物。因事关百姓日用，斯须不离，故林林总总，包罗万象。仅以服饰为例，土家族西兰卡普、花带、挑花是其中最为绚烂的造物事象。这种散发出质朴乡土气息和浓郁民族亮色的女红造物，成为武陵土家人历史文化中最美好的符号与记忆。

在民间信仰和民俗活动方面，鄂西山地民族传统民俗生活事象陆离驳杂，举凡祭祀、娱教、装饰、游艺等，无一不有，可谓体系咸备，内容丰富。民间生活信仰杂糅，巫傩盛行，宗教和巫术在民众生活中占有重要地位。民间信仰的神祇更是不胜枚举，有祖先神、自然神、土王神，就连大树、巨石、古井也一一被当作神灵供奉。在整个武陵山地区，“沿酉水流域的大多数土家村寨都建有土王祠或土王庙，供奉彭公爵、田好汉、向佬官人神像。在鄂西的来凤、咸丰、宣恩、利川一带多为三抚宫，供的多为覃、田、向等三姓祖先神，鹤峰、五峰等地供奉大二三神；桑植、大庸、长阳、巴东、恩施等地向王庙多，供奉向王天子；在永顺、龙山等地建有八部神庙，供奉敖朝河舍、西梯老、里都、苏都、那乌米、拢此也所也冲、接里会也那列也等八部大神；在黔东北则信仰杨再思。在神灵崇拜上也存在一定的地域差异，在湘西，土家族多信奉梅山神、阿米妈妈、土地神、四官神；在鄂西等地土家族，则多信奉张五郎为猎神”①。结合民间信仰的需要，各种材质的神像雕刻在武陵民间经久不衰。与此同时，形形色色的宗教从业者活跃乡间，有梯玛、道士、傩仪师、地理先生、算命先生、草医等，他们行走乡里，为人治病、解钱、求子、还愿、搭桥、渡关、求雨、挡煞、祭白虎、打保符，名目繁多，不一而足。其中最具地方特色的是梯玛和道士，为显示宗教职业的神圣性，每个行当都专门创制一批巫物、法器和响具。祭祀用器有神像、神龛、神杯、供桌、香炉等；梯玛用器有八宝铜铃、牛角、司刀、神剑、刀梯、神图像、卦等；道士用具有牛角、面具、令旗、海螺、令剑、神案、法帽、法衣、锣、鼓、钹、铙等。五花八门的器具配上山地人的歌舞说唱，将地僻山深的鄂西民俗装扮得斑驳陆离，成为凝聚族群人心、陶冶民众情操，沟通人与人、人与物、人与“神”的重要渠道。

① 黄柏权：《土家族历史文化散论》，世界图书出版公司，2014，第131页。

（四）文化往来与手艺造物

鄂西民族世居的武陵山区，历来为几大文化板块的接合部，同时也是族际流动的中转站。这种地理特征为不同类型的文化交流和族际流动提供了便利条件，形成了底蕴深厚、兼容并包的文化特色。活动在武陵山地的土家先民巴人就与濮、越民族杂居共处，多样性的文化事象一直在此区域传承。另外，来自中原的夏商周文化、东部的楚文化都曾在此强势渗透，汉文化得以大量进入此地。广泛分布在鄂西、湘西、川东、黔东北一带的苗族以及其他少数民族也较多散居在此，形成了鄂西山地民族大杂居、小聚居的格局。这种交错而居的格局，赋予鄂西山地文化开放性特色。以民间信仰为例，鄂西民间不仅盛行原始宗教，来自楚文化区的巫文化也通行无阻，至于汉区的儒、道、佛信仰，甚至外来的天主教、基督教，皆可与当地人自身的摆手文化并存。比如土家人始终保持着一种开放心态，善于大胆吸收外来人文智慧，特别是对汉文化的学习，不仅极大地提高了手艺造物的技艺和水平，而且丰富了土家族器物的种类和形制，审美水平也有了较大提升。

清雍正年间，鄂西地区实行改土归流，传统“汉不入峒，蛮不出境”的限制被打破，汉人和其他族群不断进入鄂西地区，从事手工业或贸易活动。“客司中者，江、浙、秦、鲁人俱有，或以贸易至，或以技艺来，皆仰膳官厨。有岁久不愿去者，即分田授室，愿为之臣，不敢复居客位”①。从外地迁入武陵山地的手艺人增多，工种多样，“攻石之工，攻金之工，抟埴之工，设色之工，皆自远来矣”②，“土木、竹石、裁缝、机匠之属，各有专司，但外县人居多”③。笔者在咸丰县小村乡一带调查传统工艺时，寻访到当地吊脚楼建造技艺传承人万桃元师傅，他表明其祖上是木匠世家，原籍公安县，清中期因避洪灾迁至咸丰小村。外来工匠的大量迁入，带来了工具、器物和技艺，使鄂西地区的手工业逐步专业化，对提高当地的工艺水平和生

① 高润身主笔《容美纪游注释》，天津古籍出版社，1991，第47页。

② 民国《永顺县志》卷六《风俗》。

③ 民国《保靖县志》卷二《风俗》。

产能力起到了重要作用。以吊脚楼为例，这种鄂西山地民族所特有的建筑形式，在明清以后明显受到汉文化影响。其中四合院的格局和封火墙的设置就来自汉文化。普遍流行于鄂西山地的大量生产工具和生活用器也来自汉区，有的经改造后成为山地民族器物。在鄂西山地较为常见的木石雕刻的汉字装饰、吉祥图案、戏文故事和八仙传说就明显具有汉文化色彩。

二 鄂西山地民族传统手艺造物的基本理念

作为一种适应山地生活的生计技能，鄂西山地民族传统手艺造物，是为了满足日常生存、生活和生产需要而进行的器物创制实践，故其造物理念源于自然、根植生活、满足实用，有崇实、尚朴、尊材、重技的取向。

（一）崇实以致用

由于世世代代与山地打交道，鄂西山地民族养就了一种求实、务实的秉性。比如土家人善于从“实”中寻找生计，从“实”中获取力量，从“实”中追求目标。总之，“崇实”是土家族生存哲学的出发点。这种“崇实”精神可谓无处不在，如在历史文献和民间传说、民间歌谣等口承文化中，俯拾即是。东晋史学家常璩在《华阳国志》中说，土民“质而好义”。同治《来凤县志》载，土家人“民皆勤俭，不事华美”“皆本躬行”“俗尤戆朴”“取物酬直”[①]。所谓“质”者，即朴实也；“不事华美”者，体现的是生活之实；“皆本躬行”者，体现的是实践之实；“俗尤戆朴”者，体现的是民性之实；“取物酬直”者，体现的是实在之实。这种“崇实”之风落实在造物上，就是制器造物如何与山地的自然环境相适应，方便人与自然进行物质能量交换。这种追求和取向，简言之是“致用”，析而言之是安全可靠、方便实用、舒适宜人。

土家人讲究实际。土家工匠造物的过程，始终伴随着对自然材料的认识、开发和利用，特别是对自然材料的开发和利用，又以因地制宜、就地取

① 同治《来凤县志》卷二十八，来凤县志办公室，1981。

材为原则，以安全可靠、方便实用、舒适宜人为旨归。大凡土家人建房筑屋、打制家具、缝制衣物、制作工具的原材料无不从生活环境中直接取用。建造吊脚楼的建材、打制家具的木料是所居山上的各种木材；缝制衣物的布料大多为手工纺纱和织布。土家织锦主要用植物纤维纺织而成，质地结实，经久耐用；印染所用染料来自生活中的植物。巧用当地石头建设家园也是土家山寨的一大特色，大多数山寨都要用青石筑街铺路、修场围院。传统的古街、古镇、古村几乎都喜用清一色的青石板修筑，家境殷实的人家用打制精美的石块做门框、柱础和寨门。在来凤县舍米湖村，家家户户用裁切好的石板铺屋场、砌火塘、铺村道。

吊脚楼的选址、布局、造型、装饰等，也充分体现了对气候和环境的适应性，是因地制宜观念的充分体现。因地制宜是人们日常活动与环境相互作用、依赖、制约的一种关系，是山地生活的生存哲学。鄂西吊脚楼的选址巧妙地利用了山地环境，遵循与山地环境相协调、相融合的原则，建房造屋完全顺应自然地形地势，充分利用空间，叠层而上，往往依山就势、借坡就壁与山势融为一体，达到安全、经济、坚固、实用的目的。房屋或分阶筑台、临坎吊脚，或悬崖构屋、陡壁悬挑。无论多么复杂的地形条件，吊脚楼都能与之相适应，而且坡越大，越能争取空间，越能节约土石方和建材。吊脚楼的功能布局一般首层为畜圈、粪池，二层为堂屋、客房、厨房，三层是主人卧室，卧室上方再设天楼以储存粮食。如此人畜两分，功能分布合理，既充分利用了空间，节省了材料，又各安其位，各尽其宜。作为干栏建筑中的一种，吊脚楼的造型形式多样，主要结构有一字屋、钥匙头、三合水、四合水样式。其中钥匙头是鄂西山地传统民居最普遍、最具特色的形式，因一正一横的结构形如钥匙而得名。钥匙头的厢房多依地形而吊脚。吊脚厢房以垂柱承重、以歇山顶盖顶，由此形成内侧、外侧或周围三侧的走廊，此造型成为吊脚楼的点睛之笔。总之吊脚楼的设计依山分布，层层叠叠，错落有致，其梁架结实耐用，其栏杆、门窗以直棂装饰，朴实大方。这种形制不单是鄂西民众日常生活的庇护所，还是自然环境与人类智慧高度融合的艺术品。

此外，崇实的理念还体现在以较少的能量消耗来获得最大的工作效能上。山地民众对器物的选材、构形、大小、外观等进行精心设计和改进，使器物更加符合人体工程学的要求。如形制和功能多样的竹背篓是山地人生活中用来背负物品的工具，其丰富的种类以及选材、造型、结构和功能上的特点，均体现了物以致用的崇实观。武陵山地多盛产竹木，竹背篓就地取材，以竹篾编成，其造型大方实用，非常适合山地民众背负和运输物品。这种类似现代双肩包的造型设计正是源于生活，在忽高忽低、坎坷不平的山间行进，用肩背承重比起单纯肩挑手提更轻松。另外，解放的双手，可以应对因负重行进于崎岖山道可能产生的失衡和危险，故仍在鄂西民众的生活中沿用。

（二）尚朴以为美

崇实者多尚朴。民间工匠造物既然以崇实为出发点，其器物自然以朴拙自然、朴实无华为审美旨归。追溯武陵土家人的历史文化渊源，这种以朴为尚的传统可谓久矣。《华阳国志》对巴人风俗有如下记载，“其民质直好义，土风敦厚，有先民之流……而其失在于重迟鲁钝，俗素朴，无造次辨丽之气”①。于此我们既可以领略到早期巴人强悍、勇武、质朴、尚义的固有民族精神和思想传统，感受到早期巴文化的独有魅力，还可以从中领略到土家先民造物时的“素朴”美感。所谓“素朴”，就是质朴而不雕饰，节俭而不奢华。作为一种审美形态，“素朴”呈现为一种简约、朴拙的趣味，不刻意，不雕饰，不浮华，给人以自然天成、恰到好处的美感。在鄂西工匠造物的过程中，这种“素朴”的理念主要体现在就地取材、因材施艺、物尽其用上。

早在石器时代，武陵地区的先民就善于就地取材，利用石片、石核、石球打制和磨制石器。人们在澧水流域虎爪山遗址采集到一批距今约10万年的石片石器和砾石石器，有砍砸器、刮削器、尖状器、切割器、石球、石锤等，这些石器质朴而粗粝。在清江、澧水、酉水、乌江中下游地区出土过石器时代武陵先民创制的骨匕、骨笄、骨簪、骨针，应用于生产、生活和器物

① （晋）常璩撰、刘琳校注《华阳国志校注》，巴蜀书社，1984，第28页。

装饰。武陵先民的石器、骨器创制，从打制发展到磨制，再到后来的石雕等，其造型无不是从自然界中提取材料、开发元素和获得灵感并逐渐使之成熟和丰富的。

因为山石、竹木资源异常丰富，民间工匠造物制器，善于把生活环境中的竹木、山石都利用起来。在山上随便取用一根木棍，稍加砍削就可制成木弓以扛物；在地上偶尔拾起一块石头，就可用作游艺竞技的器材；在房前屋后随手截取一段小竹，挖上孔便能吹出悦耳动听的乐音。鄂西民居吊脚楼建造所用材料从上到下更是取诸自然，不论是用于房屋梁、柱、檩、枋的木料，还是屋面上铺盖的陶瓦，抑或是垫在柱头下的磉礅，无不透露出质朴、自然、简约、亲切的审美意识。鄂西工匠造物时所遵循的第一条原则就是自然美，而因材施艺往往是获得自然美的最佳方式。织锦、挑花等是鄂西女红常见的传统工艺，其图案和纹饰也多以自然现象和自然物象为元素，将人们熟悉的自然物象设计进去，呈现一个素朴的世界。

土家织锦也称“西兰卡普”，是中国民间“四大名锦”之一，是土家人采用“通经断纬”的织造方式、以“对斜”和“上下斜”为纹样组织形式的传统挖花技艺。其纹样丰富多彩，可分为7个大类300余种，其中绝大部分纹样取象自然和日常生活，有动物鸟兽纹、植物花草纹、生活器物纹、天象地属纹，织女通过简化、装饰和想象的手法，主观、自由地表达对自然的认识和对生活的热爱，充满了素朴的生活气息。

鄂西传统挑花是在直纹平布上按布纹的经纬十字交叉点，用与底布颜色不同的色线挑成图案的传统工艺。纹样多取自日常生活中常见的花草瓜果、鸟兽虫鱼以及几何图纹、人物故事、民间传说、自然风光等。挑花多选用白色底布和黑线挑绣黑色花样，图案简洁利索，黑白分明。黑白线条或轻扬，或绵延，或劲拔，或柔和，一幅优秀的挑花作品可以把黑白线条的构成韵致发挥得淋漓尽致。

土家族传统印染工艺也以素朴为美。土家人传统的印染、扎染、蜡染多染成蓝色或青色，所用染料就是一种取自自然的“土靛”——一种用蓼蓝叶与石灰浸泡发酵后制作而成的染料。印染时将“土靛”放入染缸，制作染液，然后，将拷过花的棉布打湿后放入染缸浸泡，待染色后捞起来，挂在空气流通处，让其氧化。如此反复多次，直至染到所需色位为止。用这种传统技法染印的织物蓝白分明，纹理清晰，充满乡土气息，同样给人以素朴的美感。

（三）尊材以开物

材料是造物的基础，因材施艺是鄂西工匠造物的重要特征。鄂西工匠造物，首先是选用合适的造物材料，其次是对材料进行恰当、巧妙的加工施艺。鄂西工匠在选材施艺的过程中充分体现了一种“量材为器”的“尊材”意识，即在充分发掘材料的特征、特性和性能的基础上，根据生活、生产需要，选择恰当的技艺造物制器。

中国古代工艺文献《考工记》讲，“天有时，地有气，材有美，工有巧。合此四者，然后可以为良”①，这是讲根据材料的特性而施艺对造物的重要意义，体现的正是一种“尊材”意识，说明在造物过程中，古人对材料的了解、尊重和择取是非常重要的环节。对鄂西工匠而言，材料的多样性是形成传统手艺造物多样性的重要条件。鄂西工匠利用材料的天然特性，从致用出发，充分发挥自己的聪明才智，根据不同的材质制作出具有民族特色的器物。以编织技艺为例，鄂西传统编织工艺有竹编、藤编、草编、苞谷衣编、棕编等，所用材料无一不取诸生活环境。这些材料经过简单的净化处理，即可编织成精巧别致的生活用品。竹可编成箩、筐、篮、筛、簸、箕篓、桌、椅、凳、耙、帘、伞、斗笠等生产生活用品；藤可编成屏风、沙发、茶几、藤席、提篮、椅、桌、床、箱等家具和物件，做工精细，坚实耐用；草可编成鞋、垫、帽、篮、篓、簸、凳等物品；苞谷叶可编成各式坐垫、床垫、茶盘和花篮；棕叶可编制成扇子和玩具；棕皮可编成蓑衣、斗笠、床垫；棕绳可编成各种容器和木箱的外套。这些编织品所用材料全部取自自然，创意来自生活，造型简洁，方便实用，朴实大方，绿色环保，物尽其用，既有鲜明的生活意趣，又体现了山地工匠的“尊材”意识。一些有

① 戴吾三编著《考工记图说》，山东画报出版社，2003，第20页。

眼光的公司从编织中寻找商机，组织村民开发草编，产品销往全国各地，甚至出口创汇，成为当地农民脱贫致富的特色农村文化产业。以草编为例，草编工艺就地取材，大凡玉米苞叶、稻谷草茎都可成为编织材料，加上来源充足，价格低廉，加工简单，编织成手工艺品和生活实用品如汽车坐垫、汽车头枕、糖果枕头、拖鞋、鸟笼等，既实用又美观大方，将传统产品延伸到现代生活，赋予了传统产品新的附加值，可谓“变废为宝”。利川市一家生态农业公司充分利用本地丰富的原材料资源，组织草编工艺培训班，对附近妇女进行手工编织培训，将草编产品与民宿休闲、旅游开发有机融合，解决了附近村民的就业难题，拓宽了产业扶贫致富路径，同时也培育了新的经济增长点，对带动地方经济发展起到重要作用。

（四）重技以利器

在传统农业社会，山地民族在山地谋生要比在平原上艰难得多。生存的压迫使山地人普遍重视技术的应用和技艺的改进。在日常生活中，鄂西工匠重视技术与创造，如鄂西土家族谚语中有“路不行不到，事不为不成”的说法，文学作品中有“尽教沧海为桑土”的诗句①，无不强调工具价值。在其他众多文化形态中，也处处强调创造性技术的意义。比如土家人重视“人的技术性创造而不是探索性认识，因为在土家族的生存环境中，技术具有更重要的地位”②，这也成为土家族传统手艺造物的出发点。早在石器时代，这里的先民就在思考如何改进技艺以利制器。长阳香炉石巴文化遗址发现的骨器，其骨料分块就采用了砸裂法、沟裂法等技术，然后取合适块料打制成形，再进一步刮、削、磨，利用精磨技术生产出造型优美的骨匕、骨笄、骨簪、骨针等。春秋战国时期，土家先民巴人就已掌握了编织、煮盐、炼丹、青铜冶炼和化妆品生产技术。秦汉以后，该地还发现过陶器作坊和陶器，明清以来，清江、酉水、乌江、沅水等流域的陶瓷制作工艺独特，享有盛誉。纺织业也有快速发展，秦汉时期，该地先民已掌握了纺织技术，能

① 陈湘锋、赵平略评注《〈田氏一家言〉诗评注》，中央民族大学出版社，1999，第373页。
② 萧洪恩、张文璋：《问道土家族哲学》，世界图书出版公司，2015，第14页。

“织绩木皮，染以草实”，初步具备了制作简单服饰的能力。《华阳国志·巴志》载：“武王既克殷，以其宗姬封于巴，爵之以子……其地，土植五谷，牲具六畜，桑蚕，麻纻……皆纳贡之”①，所产“賨布”是主要贡品。唐宋时，人们以“峒布”为主要服饰原料，制作工艺和技术都有较大提高，“溪布”成为贡品。

土家工匠总是尽可能地把所创制的器物做得更精美些，这种倾向在传统家具制作中体现得较为充分。广泛流行于武陵山寨的土家背篓制作是土家篾匠特别擅长的手艺活，背篓的制作堪称土家工匠的拿手绝活，其形制和图案设计丰富多彩、变化无穷，仅形制外观就不下百种。笔者在贵州铜仁土家村寨调研传统工艺时，在思南县发现了一种用长节慈竹编织的精巧斗笠——塘头斗笠。据传思南斗笠的制作历史悠久，明朝时就已成为朝廷贡品。其制作分外讲究，先将竹子破成薄片，划出两层，再用刀分别划成竹丝，然后将竹丝依着模型编织成型。斗笠编织分内外两层，在编织好的里层上部要铺一张皮纸，再盖上编好的外层。在夹层中还要铺上棕丝，在上部铺上红绿纸角，在顶部核心处填上一方块青布，然后将两层扣牢锁边，再在表层漆以桐油防雨。这种斗笠以塘头镇省级传承人年过古稀的宋尔凤的编织工艺最负盛名。她能闭着眼睛将几毫米宽的细篾片划成15~16根齐整整的竹丝，然后一边同人说话一边用细如发丝的竹丝进行编织。

木制家具的制作亦复如是。一些经济条件稍好的家庭都要在木制家具上雕花，大凡花鸟山水、富贵吉祥、渔樵耕读、神话传说、戏文故事无不精雕细刻，留下了不少雕刻精品。在鄂西土家族地区，过去流行一种滴水雕花牙床，堪称技艺美的典范，一架滴水雕花牙床的制作，从选材备料、结构制作到雕花修饰，一个工匠往往要花上几年的工夫才能完成。其雕花工艺繁复，阴刻、阳刻、浮雕、透雕、圆雕相互配合，纹饰层层叠加，有一滴水、二滴水、三滴水、五滴水、七滴水甚至九滴水之多，每层都精雕巧绘，其雕刻装饰之繁缛富丽，令人叹为观止。

---

① （晋）常璩撰、刘琳校注《华阳国志校注》，第21、25页。

三　鄂西传统手艺造物生态观对现代设计的启示

鄂西传统手艺造物及其崇实、尚朴、尊材、重技的取向，无不强烈地透射出一种生态造物意识。这种意识与中国传统主流设计所崇尚的物以致用、顺天应人、天工开物的思想完全契合。在现代造物与消费者、自然资源的矛盾日趋紧张的今天，如何协调人与自然的关系，充分发挥生态设计的导向作用，向民间手艺造物学习人文智慧，应该成为现代设计的重要方向。鄂西传统手艺造物思想，不仅对增强民族文化认同和文化自信具有积极意义，对构建新时期的设计文化，创新现代设计也具有启示意义。

鄂西传统手艺造物“崇实以致用”的理念和“尚朴以为美”的追求，是从山地生计中提炼的造物思想，是在尊重自然规律、经济规律的前提下的审美追求，特别是吊脚楼、竹背篓、竹木家具等造物，始终面向生活，通过简约的外观构形和实用的功能结构，最大限度地方便山民生活的致用取向，体现了良好的“生态”意识和“民生”意识。这种取向与现代设计强调功能至上、形式服从功能的观念甚为契合。现代设计的一个重要追求就是突出功能，强调功能的中心地位，突出设计的科学合理性和“设计为人”的效用性，主张去雕饰、去浮华，通过产品自身的结构功能和生态材料的肌理来表现美，强调设计造型必须合规律性、合目的性。这种致用理性，顺应自然规律、科学规律和社会发展规律，意在引导设计通往精神自由的坦途。在此前提下，当下设计教育和设计师也应当秉承“崇实以致用”的理念，尊重自然规律、科学规律和设计规律，立足生态，立足民生，以整体的可持续发展为价值尺度，激活创造性思维，创意当代生活，助力民众生活品位的提升。

鄂西传统手艺造物“尊材以开物”的理念，强调对生态材料的合理利用，体现了“物尽其用”的节约意识；从生态造物的角度而言，也蕴含着当下设计所追求的“绿色设计”理念。山地工匠用竹木等对环境没有污染的自然材料，其具有可被自然吸收分解的性质。山地工匠注重对材料形态、质感、肌理的表现，从而发挥材料自身的独特美感。“尊材以开物”的理念不仅引导设计者合理“开物”，在制造和使用过程中降低能耗，还可启发人们对传统材料的再思考、再开发和再利用。现代设计中，从“设计为人”出发，“绿色”“环保”成为选取材料、结构和工艺的重要指标，“少量化、再利用、资源再生”成为设计时“物尽其能”的三原则。[①] 这种“绿色”的“开物”意识正是替代设计所倡导的生态造物方向。因此，优秀的设计首先要建立在对生态材料的合理选择和利用上，然后在此基础上去统筹设计计划、设计方法、设计目的等诸多因素。

鄂西传统手艺根植于乡土技术与文化，历史传统悠久，特别是注重“因地制宜”“因材施技”“量材加工”，认识到良好的技术是确保造物成功的重要意义，形成了“重技以利器”的工艺观。这一点与我国古代的“顺天应人”“天工开物”的思想甚为相通。“顺天应人”讲人在顺应自然规律的同时，发挥聪明才智改造自然环境，使之适应人的生存和生活。“天工开物”讲人天协调、人力与天力配合，利用技术从自然界中开发有用之物。二者皆启示我们，自然蕴藏着取之不尽、用之不竭的美材美物，但美材美物不会从天而降、轻易而得，须是“巧生以待”，借人力和技术将其从自然界开发出来，为我所用。当然，这种开发并不是毫无节制的掠夺，需以“巧生”为原则，“制天命而用之”，利用“巧夺天工”的高超技艺赋予其高尚品质和美感。

① 方怿、瞿孜文主编《世界现代艺术设计简史》，中南大学出版社，2008，第135页。

《三峡文化研究》第 15 辑
第 113 ~122 页

民间信仰与民族文化的融合研究

——基于湖北省恩施市度亡仪式的调查*

郭 峰 刘贤娴 程阳钰**

摘 要：“佛教道士”是今天武陵山少数民族地区各民族中普遍盛行的一种民间信仰形式，对该地区普通民众日常生活有广泛的影响和重要的作用。本文以武陵山腹地的恩施市为田野点，重点考察了“佛教道士”度亡仪式，尤其是区分了南坛和北坛两个不同的“佛教道士”派别，认为“佛教道士”民间信仰中经书思想等部分主要吸收佛教；文书、符咒、仪式等部分主要吸收道教；另外还融合了儒家的伦理思想和当地少数民族民间神祇。其形成于“改土归流”之后的晚清时期，是地方政府移风易传、大规模移民和少数民族民间文化系统化共同作用的结果，为该区域包括汉族在内的各民族所普遍接受，是民族文化融合的一种典型产物。

关键词：土家族 “佛教道士” 度亡仪式 文化融合 民间信仰

“佛教道士”是今天武陵山少数民族地区各民族中普遍盛行的一种民间信仰形式，在该地区普通民众日常生活中有广泛的影响和重要的作用。传统的民族学、人类学、宗教学学者多关注本区域内的少数民族宗教信仰，尤其

---

* 本文为湖北省教育厅人文社会科学研究青年项目“湖北民族地区‘佛教道士’民间信仰研究”(17Q127)、国家社会科学基金青年项目“土家族道教史研究”(17CZJ018)的阶段性研究成果。

** 郭峰，历史学博士，湖北民族大学民族学与社会学院讲师、硕士研究生导师；刘贤娴、程阳钰，湖北民族大学文学与传播学学院 2016 级汉语言文学本科生。

是带有明显民族特色的民间信仰形式，诸如土家族的“梯玛”[1]、苗族的“巴岱”[2]、侗族的“飞山公”信仰等。随着对武陵山地区田野调查的深入开展，对民间信仰研究的深入[3]，越来越多的学者认识到武陵山地区的民间信仰其实是由多种文化共同作用而形成的一种多元混溶的局面[4]。“佛教道士”这种独特的信仰形式也逐渐进入学者的视野。首先专门研究“佛教道士”信仰的是雷翔教授，其以扎实的田野基础，详细地分析了恩施地区“佛教道士”的度职仪式，认为“佛教道士”是由“民间佛教性质转变，融合儒释道三教”等形成的民间信仰。[5] 刘琼在其硕士学位论文中专门研究了湘西地区土家族的“佛事”丧葬习俗。[6] 张晗、覃娜娜运用人类学仪式研究的“阈限前—阈限—阈限后”之广泛结构的三个阶段对湘西咱河土家族村“佛教道士”的运作内容进行了阶段性与层级性的文化解释，认为“佛教道士”是死生人群找寻各自存在轨迹的向导人，同时也是“生死过渡”仪式的发明者、命令者、规范者与传承者。[7] 由此可见，已有研究多是只注意了“佛教道士”仪式的过程及其含义，且多为个案调查，尚未涉及“佛教道士”的其他方面，尤其是对“佛教道士”大量使用的文书、科仪本、经书、道士团体等并未做深入的研究。

本文以武陵山腹地的湖北省恩施土家族苗族自治州恩施市为田野点，重点考察了“佛教道士”度亡仪式，尤其是区分了恩施当地南坛和北坛两个

① “梯玛”，土家语，汉语意思为“土老师”“土官”“巫师”，是土家族举行宗教活动的祭司的称呼。参见刘伦文《土家族梯玛“玩菩萨”仪式及其社会功能——以双坪村卡落坪梯玛班子为例》，《湖北民族学院学报》（哲学社会科学版）2009年第6期。

② “巴岱”，苗语，是苗族东部方言区（湘西苗族、贵州东部苗族）对主持宗教活动的祭司的称呼。参见陆群《苗族巴岱信仰研究》，宗教文化出版社，2015，第2页。

③ 杨洪林：《武陵地区洞神信仰及其特征研究》，《宗教学研究》2014年第3期。

④ 王凤英、郭峰：《多元混溶：改土归流后土家族聚居区民间信仰的融合——以〈控送诸神本章〉为中心的探讨》，《华中师范大学学报》（人文社会科学版）2019年第4期。

⑤ 雷翔：《“佛教道士”的度职仪式——恩施民间宗教信仰活动调查》，《民间文化论坛》2005年第2期。

⑥ 刘琼：《土家族“佛事”丧葬习俗研究——以湘西桑植县洪家关乡化香峪村为个案》，硕士学位论文，中南民族大学，2007。

⑦ 张晗、覃娜娜：《湘西咱河土家族村“生死过渡”仪式中的“佛教道士”探析》，《宗教学研究》2016年第1期。

不同的“佛教道士”派别。认为“佛教道士”是在武陵山地区“改土归流”后当地少数民族传统宗教信仰融合儒、释、道等形成的带有一定地域、民族特色的民间信仰形式。儒、释、道、少数民族传统信仰等因素融合的形式和因素的多少根据区域不同、服务对象不同也有所不同。所以该民间信仰形式为该区域包括汉族在内的各民族所普遍接受，是民族文化融合的一种典型产物。

一 调查背景及“佛教道士”群体

湖北省恩施土家族苗族自治州位于湖北省西南部，处湘、鄂、渝三界交汇处。自治州成立于1983年12月1日，是全国最年轻的少数民族自治州。全州现辖恩施、利川和巴东、建始、宣恩、咸丰、来凤、鹤峰六县二市。①群山环绕的恩施市，主要有土家族、苗族等少数民族。其历史悠久，文化底蕴丰厚，以汉族、土家族、苗族为主的当地各族群众安稳重迁，“在稳固的地域中和谐共处”②。在这样的历史背景下，当地民风淳朴，一直保持着聘请“佛教道士”为死者作法以度亡魂的丧葬文化传统。笔者主要调研恩施市部分地区的“佛教道士”群体，了解其基本信息并着重调查“佛教道士”的度亡仪式。

在恩施市的“佛教道士”主要分为南坛和北坛两大派别：南坛道士主要分布于青堡、茶山、龙马当地；北坛道士则主要集聚在杉木坝、太阳河、白杨坪等区域。我们重点调查的对象是北坛道士严某某，南坛道士杨某某、赵某某。

北坛道士严某某，法号严太某，男，汉族，今年50岁，居住在白杨坪康家坝，已有27年道龄，1989年开始跟着其师父（法号谌守某）学做法事，1991年正式度职成为道士。其师爷法名赵常某，祖师爷法名李真某。

① 周先旺主编《中国西部概览·恩施州》，民族出版社，2003，第1~2页。

② 申莉：《土家族聚居区域结构稳固研究》，《湖北民族学院学报》（哲学社会科学版）2012年第2期。

南坛道士杨某某，法号杨妙某，男，土家族，今年57岁，居住在龙马红藤坝村，他从21岁便开始拜师学做道士，1992年度职之后便正式成为道士，已有26年的道士职业生涯。其师父法号杨宣某，其师爷法号真乙王先生。[①]

南坛道士赵某某，法号赵一某，男，汉族，今年53岁，家住白杨坪镇。父亲法号赵清某，爷爷法号赵仙某。其爷爷和父亲都是道士，因此他自六七岁开始便耳濡目染，学做道士，1992年度职正式成为道士。但是其父亲与爷爷都是北坛道士，受历史因素的影响，北坛道士在当地很少，同时因"佛教道士"的传统规矩是"父不传子"，因此赵某某的度职先生是一名南坛道士，法号田达某，因而赵某某从法脉上看也变成了南坛道士。

根据南北两坛的道士叙述，他们都是通过拜师学艺，在度职之后正式成为道士的。度职是民间信仰活动中最重要的仪式。南北两坛各自有自己的字派。北坛的字派是"道德通玄静，真常守太清，一元来复本，何教永圆名，至理宗成信，金派慭宣科"[②]。南坛的字派为"道德通玄妙，高举达仙科，至真宣妙典，道法兴农永远传"[③]。北坛的字派与全真龙门派的字派前20个字基本一致。[④] 字派中带有典型的道教因素，北坛弟子也声称他们确实是属于丘处机的门人弟子，但对他们字派的起源已经记不清。因此也不排除"佛教道士"民间信仰在形成的过程中吸收和借鉴道教全真龙门派字派的可能，这与学者在武陵山其他地区调查到的情况是相似的。[⑤] 但从中可见，民间信仰纷纷借鉴道教的仪式和思想，道教的确对武陵山地区的民间信仰起到了整合的作用。

除两坛的字派有所差异之外，两坛的法事过程也有一定的差异，这种差

---

① 真乙王先生即王真乙先生。

② 严某某口述，时间：2018年2月28日，地点：白杨坪康家坝其家中，记录人：刘贤娴、程阳钰。

③ 杨某某道士口述，时间：2018年2月3日，地点：龙马红藤坝村，记录人：刘贤娴、程阳钰。

④ 全真龙门派的字派为："道德通玄静，真常守太清，一阳来复本，合教永圆明，至理宗诚信，崇高嗣法兴，世景荣惟懋，希微衍自宁，谓修正仁义，超升云会登，大妙中黄贵，圣体全用功，虚空乾坤秀，金木性相逢，山海龙虎交，莲开现宝新，行满丹书诏，月盈祥光生，万古续仙号，三界都是亲。"

⑤ 赖全：《黏合与催化：道教信仰在思播地区的社会整合作用》，《绵阳师范学院学报》2017年第9期。

异与南北坛的划分又有直接联系。杨某某道士和严某某道士在接受采访时，都曾介绍南坛和北坛的划分原因。相传南坛和北坛是一脉相承，为同一个师傅所传，只因两人出师之后争着为别人做法事发生了利益争执，其师父为了避免两人因为利益伤害师兄弟的和气，于是让其中一个去南方，一个去北方，分别在各自的区域内谋生。此后，两人的后继徒弟就分别组成南北两坛的成员，传至今天。南坛和北坛同属“佛教道士”，仪式虽有一定差别，但在出殡之时，也就是亡人从灵堂移出来时，都要在灵堂摆上做法事的驱邪物品。南坛在这一法事中摆火盆，北坛在这一法事中放水碗。这是区分南北坛最重要的一点。[①] 南北坛的具体仪式过程，笔者在第二、第三部分详细说明。

二　南坛度亡仪式

根据南坛道士杨某某所述，祭祀仪式时间有长短之分，分别有一天、三天、五天和七天等，但一般都是三天。现以南坛三天的度亡仪式为例，介绍如下。

第一天是五折法事。首先是请尸，即把亡人的亡魂从他生前居住的房间里请出来，不能让其灵魂一直留在房子里；第二折法事是招殿，又叫开咽喉、享荐，即是划破亡灵的喉咙，因为亡灵不能开口吃饭，只有把喉咙划破才能吃饭；第三折法事是发通关，又叫发开路，这是为保证亡灵去阴间的路上无妨碍，同时又要送亡灵到生死地菩萨那里，又叫本地城隍；第四折法事是救苦表，因为每一个人生前都是有罪恶的，所以逝世男子要向太乙救苦天真请罪，女子要向血湖教主请罪；第五折法事是迎五方童子，将童子迎进门，由童子引路。这便是南坛第一天的法事。

第二天有六折法事。第一折法事是开坛，为主人家祈求祥瑞，保家庭平安；第二折法事叫叹亡，又称叫灵，因为第一天已为亡人开咽喉，这次便直接请亡人吃饭；第三折法事是请水，由孝子用香纸去取干净的

① 赵某某口述，时间：2018 年 7 月 19 日，地点：恩施州非遗文化花鼓戏传承人朱某某家中，记录人：刘贤娴、程阳钰。

井水，用来做法水（如果在做法事当天下雨，这折法事将会延迟）；第四折法事是迎十王，即将十大判官请进门，请十王为亡灵定罪或善事嘉赏，记载在生死簿上，这一折法事又含有五六折小法事；第五折法事是迎东南二岳；第六折法事是札告，主要是安慰亡者的亲友。到此，为第二天的法事。

第三天，也是当地乡下一般说的大夜，有八折或九折法事。第一折法事是开坛，第二折是叹亡，同第二天的第一、第二折是一样的；第三折法事是请经，即用唐玄奘西取之经度亡人；第四折法事是礼忏，主要是给亡人解罪；第四折法事是行香，又称上庙，尊敬东岳菩萨；第五折法事是念经，又为诵经，即为亡人诵经，给亡人解罪；第六折法事为开方，即开东南西北中五方，由五方童子带路，送走亡灵；第七折法事是做敬贡，即送十王出门（到此，如果亡者是一名女性，则要多一折碎盆的法事，以为亡者身体的不净解罪）；第八折法事是除旧，又名发丧，即抬动亡人的棺材。南坛道士三天“做道场”仪式的全部过程完成。

三 北坛度亡仪式

北坛度亡仪式和南坛一样，也会根据孝家的要求做法事。时间长短不是绝对的，但大多数情况下以三天为主。现将北坛三天的度亡仪式记载如下。

第一天的法事主要包括开路和做斋两折法事。第一折法事开路是指给亡人开出一道光明之路，其中又含有五折小法事，分别为起尸、拦魂、开路、开灵享荐、陪无常。第一折小法事起尸则是把亡人的灵魂从去世的房间请出来，以便后面法事的进行；第二折小法事拦魂主要是为了迎五方童子，为亡灵引来护法的神仙；第三折小法事开路是为了给亡灵在幽灵昏暗的路上开出一条光明之路；第四折小法事开灵享荐是指为亡者开咽喉，传说逝去的亡灵是不能开口吃饭的，因而要划破咽喉吃饭；第五折小法事陪无常是为款待来索取亡者灵魂的黑白无常二人。第二折法事做斋含有挂菩萨、打起鼓、开坛、预报、请水、荡秽、扎香火、救苦表、扎司命、丰都表、绕馆、享荐安坛共十二折小法事。第一折小法事挂菩萨是指在孝家亡人的棺材前挂上菩萨，布置道场；第二折小法事打起鼓是跟着道士的锣鼓队开始做法事，表示法事开始；第三折小法事开坛是为了召集所有菩萨，来度亡魂；第四折小法事预报是指将后面所有的法事都通报一遍；第五折小法事请水是指由孝子请来洁净的泉水或井水以作法水；第六折小法事荡秽是为了去除孝家中不吉不祥的脏东西；第七折小法事扎香火是拜祭请来的菩萨；第八折小法事救苦表则是指亡人生前都曾犯过罪，因此要向东宫太乙救苦天真请罪；第九折小法事扎司命则是指亡者须辞别灶神；第十折小法事丰都表是接着前面救苦表而言，倘若亡人有重大罪过则要在丰都挑沙；第十一折小法事绕馆则是指由道士带领孝子孝女、侄男侄女等人围着棺材作法；第十二折小法事享荐安坛请回菩萨，让菩萨吃饭。至此，第一天法事完毕。

第二天一共有打起鼓、二开坛、挂榜文、朝奠、竖旗、扬幡、借地、驻将、暮奠、破狱散花、救苦忏、丰都忏、享荐安坛等十三折法事。第一折和第二折法事分别是打起鼓、二开坛，与第一天的“打起鼓、开坛”是同样的法事，之所以叫二开坛，是因为这是法事开始的第二天。第三折法事挂榜文是指在白纸上写出亡者子孙后代及道士的姓名，并将白纸贴在灵堂外的墙上；第四折法事朝奠是为了让亡者的亡灵吃饭；第五折法事竖旗是要将在铁围山的孤魂野鬼召集在一起进行施舍，算是替亡灵做好事；第六折法事扬幡是要确定亡灵将要行去所见之人，如亡者是男性则要去见圣寺东宫太乙寻声救苦天尊，若是女性则要去见鹤鸣山东血湖宝相真人金莲下主盟；第七折法事借地，借五方五地，以护送亡灵；第八折法事驻将则是指招来将军元帅保护孝家；第九折法事暮奠则是在晚上让亡灵吃饭；第十折法事破狱散花是要破地狱的通道，散花是为确保道路通畅；第十一折法事救苦忏与第一天的救苦表是一样的法事；第十二折法事丰都忏与第一天的丰都表是一样的法事；第十三折法事享荐安坛则是送走菩萨。这便是第二天的法事。

第三天一共有十七或十八折法事。第一折和第二折法事分别是打起鼓、大开坛，这与第一天和第二天的打起鼓、开坛是同样的法事，只是相对于第一天和第二天而言热闹些、隆重些；第三折法事宣榜是把第二天挂出的榜文宣读一遍；第四折朝奠是要请亡灵吃饭；第五折法事请经是要把各种经书请出来让孝子翻完一遍；第六折法事诵经则是要道士诵读刚刚孝子读的经书，以度亡灵；第七折法事请师是请来道士过世师祖师爷帮忙作见证；第八折法事通王是指亡魂通过十二殿，里面有十王并由十王定罪；第九折法事拜忏主要在一至十殿进行，主要是为亡灵悔过、忏悔；第十折法事暮奠是为请亡灵晚上吃饭；第十折法事提荧是为扑灭孝家幽冥之火；第十一折法事下场是为救济召集的孤魂野鬼做准备；第十二折法事是绕桥即请亡灵过奈何桥；第十三折法事解结是为亡人解罪而进行的法事（如果亡者为女性，则还需多一个破盆的法事，比男性多一场法事）；第十四折法事做赈济，是救济孤魂野鬼；第十五折法事辞灵则为宣告亡人的亡灵将要和家人分开；第十六折法事抽引是要将亡人请出去；第十七折法事安神则是宣告所有法事到此完成。至此便是北坛度亡仪式的所有过程。①

四　南北坛仪式的对比

南北两坛的度亡仪式过程虽然有很大的不同，但其最终目的还是为了通过一定的仪式把沉沦在阴间的亡魂或还滞留在人间的亡灵救拔出来，然后希望亡魂通过神灵的引接早日得以超度，同时为亡者家属求以安慰和福泽庇佑。这是南北两坛一致的最终目的。

从仪式过程中，我们也可看出南北两坛的法事在有些地方也有相似之处。如以第一天为例，南坛的请尸与北坛的起尸都是为了请出亡灵；南坛招殿的与北坛的开灵享荐都是为亡灵开咽喉，以便于吃饭；南坛的救苦表与北坛做斋中的救苦表都是为了为亡灵解罪。这都是具有同样含义的法事。同时，三天的法事中都有关于灵魂解罪的仪式。这种灵魂解罪的现象来源主要有两个方面。一是属于一种社会意识，从中国古代开始，人们便认为死人是不洁的，亡魂可能会给世人带来灾害，甚至扰乱其正常生活。这样的亡魂一

① 严某某道士口述，时间：2018年2月28日，地点：白杨康家坝其家中，记录人：刘贤娴、程阳钰。

般都被认为可能是没有安然沉睡，因此它会回来打扰它生前相识的人的生活。所以要通过一定的仪式对这样的灵魂进行抚慰和镇压，以让亡魂安息，同时避免它可能招致的其他灾祸。二是佛道教思想中关于罪的意识，同时受儒家伦理思想的影响，亡魂的罪并不仅是亡人自己的事情，它也关系到亡者的亲友，尤其是家人。因此亡者的亲人也相信为自己的亲人解罪是至关重要的。通过超度过程中为亡者解罪的过程，既可看出南北坛仪式过程虽有很大的不同，但也有相似之处。

同时，可看到“佛教道士”的度亡仪式深受儒释道三教的影响。大办丧事的做法本身就是传统儒家“孝”文化的一种外在表现。在仪式过程中也处处体现了这一点，比如需要孝子带路，陪侍列祖列宗等。南北坛均不同程度地吸收了佛道两教的内容，其中最主要的是道教的仪式和佛教往生的思想。

根据我们的调查，南北坛的区别在于其发展过程中吸收道教与佛教因素的多少有所不同，南坛为“佛参道”，以“佛”为主；北坛为“道参佛”，以“道”为主。吸收佛道因素的不同与多少是南北坛最大的区别，而这种区别主要和地域有关。从清江流域民间信仰版图来看，总体而言，清江流域以恩施城为中心划分为东西两个区域：恩施城以西地区包括清江发源地利川市均是受佛教影响较大，尤其是受到重庆梁平著名佛教丛林双桂堂的影响；而恩施城以东的建始、巴东、长阳均是受道教影响较大，尤其是受到武当山和道教灵宝派的影响。[①] 佛教与道教顺着清江河从不同方向传入恩施，汇聚到恩施，恩施当地的民间信仰同时受到来自两个方向的不同宗教的影响，因而形成了不同风格的“佛教道士”民间信仰。这与整个武陵山地区民间信仰的多元化是吻合的，也是武陵山地区民间信仰的一大特色。[②]

① 郭峰：《晚清鄂西南少数民族地区民间道教的发展——以长阳〈宝录〉为中心的考察》，《宗教学研究》2015 年第 4 期。

② 王凤英：《明清鄂西南地区传统宗教与民间信仰研究》，博士学位论文，华中师范大学，2016。

五　小结

“佛教道士”主持的度亡仪式是恩施市特有的一种古老的民间信仰文化现象，随着长期的发展变化，已经形成一种民间宗教文化，表达着乡民们对鬼神的崇拜，对逝去亲人的悼念。笔者在对恩施市文化调研的过程中发现，无论是南坛道士还是北坛道士，都对自己的职业侃侃而谈，表现出一副恭敬但极其亲切的神情。同时对当地人而言，这种文化好像一直伴随在身边，因此有些已经年迈的老人会期待自己逝世后，能举办一场隆重的仪式，这是土家人对神的敬重，更是对生命的敬重。

“佛教道士”度亡仪式的本质是一种为超度亡灵而设的祭祀仪式。其中“崇尚鬼神”的意味十分执着，展现了一个丰富多彩的精神世界。“佛教道士”的度亡仪式同时也迎合人们对死者的淳厚感情，并以此寄托人们的哀思，给生者以慰藉。人们相信“佛教道士”的祭祀活动会为生者消除灾难与不幸，为死者超度，消除一生中的不幸与罪孽，达到理想的回归。

从仪式内容上看，其应该是少数民族传统民间信仰与佛、道融合的产物，其中的佛、道因素是明显的。儒、释、道、少数民族传统民间信仰等因素融合的形式和因素的多少也根据区域不同、服务对象不同而不同。所以该民间信仰形式为该区域内包括汉族在内的各民族所普遍接受，是民族文化融合的一种典型产物，其应该诞生在土家族聚居区改土归流后民族、文化融合的背景下。同时武陵山区本身就是一个民族文化融合的大熔炉①，“佛教道士”这种独特的民间信仰形式恰恰就是武陵山区地域文化在宗教层面的一种表现。

“佛教道士”的演唱祭祀仪式，则是一种带有戏曲因素的祭祀活动，其表演形式可谓载歌载舞、说唱结合，具有极为浓郁的民间曲艺的艺术特点。这种民间艺术与戏曲相结合的歌舞表现形式，有情节、有人物的唱本唱词，烘托气氛的音乐曲调，已使“佛教道士”演唱祭祀仪式具备向民间戏曲发展的雏形。

① 冉红芳、谭俊：《唐崖土司与中央王朝的文化互动——以“荆南雄镇”牌坊为中心的考察》，《湖北民族学院学报》（哲学社会科学版）2017年第5期。

《三峡文化研究》第15辑
第123~136页

“飞地经济”的理念、方法及应用

——基于“系统资源约束理论”的五峰县经济发展战略研究*

赵建华　刘沙　陈派**

摘　要：“飞地经济”是区域经济发展的一种创新合作模式，它是分析两个区域在资源禀赋和发展差异较大的背景下如何各取所长，从而达到双赢的一种发展模式。本文将从宜昌实施“飞地经济”的实践、理论创新、争论过程回顾出发，还原该理念在宜昌发生发展的过程，揭示一个创新理论——“系统资源约束理论”在现实应用中的艰难历程及其发展规律，结合湖北省五峰县发展“飞地经济”分析案例，探索三峡库区县域经济发展新理念。

关键词：飞地经济　生态环境　工业园　系统资源约束理论

一　我国“飞地经济”的发展背景

“飞地经济”作为一种经济发展的新模式，它是指位于不同行政管理区域的地区之间进行经济合作。“飞出地”（即具有资金、技术、人才、管理

---

* 湖北省人文社科重点基地三峡文化与经济社会发展研究中心资助项目“系统资源约束理论与宜昌发展”（SXKF201802）的阶段性研究成果。

** 赵建华（1966~），博士，三峡大学经济与管理学院教授，三峡区域经济社会可持续发展协同创新中心常务副主任，系统资源约束理论创立者，提出飞地经济等一系列发展理念；刘沙，三峡大学水利与环境学院环境工程、经济与管理学院经济学双学位学士；陈派（通讯作者），三峡大学电气与新能源学院本科生。

优势的发达地区）在行政区划不相隶属的“飞入地”（即具有土地资源丰富、劳动力成本低、市场潜力大等优势的落后地区）建立合作园区，合作双方建立合理的利益分配机制，以实现双方的互利共赢。李瑜等认为，我国内地最早出现“飞地经济”这一经济术语始于2004年，当时正值改革开放20多年，主导中国经济的“非均衡发展”模式导致经济持续增长与地区发展严重不平衡并存的现象。[①] 经济高速发展的东部沿海与“塌陷”的中部、落后的西部以及背着“包袱”的东北老工业基地形成巨大反差。笔者进行了文献调查，即以“飞地经济+2004年”为关键词搜索到1篇文献，即2004年刘志彪教授的《经济国际化的模式与中国企业国际化的战略选择》，其并没有定义“飞地经济”，也没有把它作为生态经济的政策建议。宜昌市早期研究飞地经济的笔者不主张认定这篇为研究“飞地经济”的最早文献。

二　我国“飞地经济”的发展现状

20世纪80年代，我国一些经济特区以及沿海开放城市开始发展外资加工产业，一些国外企业在我国境内投资建厂，极大地促进了这些地区的经济发展。在这种模式的启示下，我国发展不平衡的各地之间逐渐出现了“飞地经济”的发展雏形，并由沿海经济特区逐步推向其他城市，先后在国内一些地区得到了初步发展。

2004年，国内的一些沿海经济特区开始发展“飞地经济”。比如上海与中西部地区、珠三角与粤东西北地区、苏南与苏北等进行产业转移、异地合作共建产业园区的“飞地经济”模式，均已颇具规模且成效显著。

2010年初，国家批准设置皖江城市带承接产业转移示范区。依据规划，安徽设立了江南、江北两个带有“飞地经济”特征的产业集聚区，制定了一套新的体制对长三角和其他地区资源要素进行整合开发。2011年6月，国家又批准在江苏连云港设立国家东中西区域合作示范区，在一定程度上也

① 李瑜：《飞地经济发展模式研究》，《科技信息》2007年第31期。

是利用“飞地经济”模式探索东中西地区合作开发的路径与经验。此外，内蒙古与河北曹妃甸、澳门与横琴、香港与深圳前海等合作也具有“飞地经济”的特征。“飞地经济”可谓在全国遍地开花。不过，经笔者核查，这些示范区的文件中没有关于“飞地经济”的表述。

三 “飞地经济”的发展条件及基本特征

（一）“飞地经济”的发展条件

发展“飞地经济”模式，应该具备一定的条件，资源分布条件、产业梯度条件和特殊政策条件是发展“飞地经济”必备的三个条件。

1. 资源分布

在资源分布上，“飞出地”和“飞入地”应呈互补态势。一般情况下，“飞出地”具有资金、管理和技术优势，地区的经济发展水平较高，同时，“飞出地”内部的产业结构已经具有相对高度，但却因为过度发展，资源比较匮乏；而“飞入地”多为自然资源丰富但相对比较落后的地区，经济发展水平低下，产业发育程度不高，技术水平落后进而资源利用率低，同时土地的使用成本也比“飞出地”低许多。从劳动力资源来看，“飞出地”人才资源密集度高，“飞入地”则多以普通劳动力为主，这样两者可各取所长。

2. 产业梯度

产业依据成本的变化成梯度转移已被国内外的经验证明。“飞入地”吸引资金项目的综合优势因为自身具有的资源优势在产业从“飞出地”转移的过程中逐渐显现出来，“飞出地”由于内部产业结构的调整和升级，将一些夕阳产业向比较落后的“飞入地”转移。正是合作双方经济发展水平存在较大差异、产业梯度存在势能使双方能够展开产业合作。①

3. 特殊政策

三峡工程建设产生了百万移民，部分“后靠移民”得到国家的项目支

① 安增军、林昌辉：《可持续“飞地经济”的基本共赢条件与战略思路——基于地方政府视角》，《华东经济管理》2008 年第 12 期。

持，但是这些项目在三峡库区建成后，往往因为建设条件、排污成本、市场环境、人力资源等系统约束，不能发展为可持续发展的现代经济组织，移民不能安稳致富、长期就业。国家不得不持续安排项目资金进行后期扶持。宜昌倡导的“飞地经济”就是在这种特殊的政策优势与环境劣势倒逼下形成的发展思维：移民区、贫困区及生态保护区把国家政策扶持项目异地建于产业条件优越的园区，合作共建，共享成果。

（二）“飞地经济”的基本特征

城市经济学家认为，“飞地经济”是将“飞入地”本身具有的资源禀赋优势，通过优势比较和产业关联与“飞入地”及“飞出地”的周边地区协调发展，再科学地进行利益分配，实现两地互利共赢的经济发展形式。[①]“飞地经济”与某一特定的“飞入地”或“飞出地”有密切联系，内部具有不同的经济形态，具体来说，“飞地经济”是区域发展过程中的一种模式，它是由经济相对发达的城市整批输出项目，而另一些偏远的不发达的城市和地区提供生产要素交由前者管理，产生的利税以一定的利益分配机制进行共享，进而实现地区间协调发展的双赢目的。同时，这种发展模式也是区域之间进行产业梯度转移的结果，其优势在于可以绕过行政区划壁垒，充分发挥区域经济的比较优势，同时有效避免环境与发展的矛盾。“飞地经济”发展的最后结果必然是区域内经济的一体化。“飞地经济”发展模式中的“飞出地”和“飞入地”具有以下基本特征。

1. 发展空间的分离性

两地在空间上的分离性，即两地在行政上隶属于不同的地区。由于所处区位环境的限制，“飞出地”在规模扩展时无法选择在所在地进行扩张，只能寻找与自身发展相关的地区进行合作，从而出现两者空间上的分离。如成都高新技术开发区在城南发展受到局限，进而在毗邻郫县的金牛区划出专门的地方设立高新西区。

① 张黎鸣：《“飞地经济”模式的合作收益分析》，《晋中学院学报》2011年第3期。

2. 环境差异性

由于“飞入地”和“飞出地”隶属于不同的行政区，经济发展的不平衡性可能造成两地经济发展水平的差异、区域文化和历史等方面的不同，可能造成两地人文和社会环境的差异。①

3. 优势互补性

在选择新的发展空间时会综合考虑各种影响因素，如资源禀赋、经济潜力、社会环境和政策等，以充分做到发挥优势、弥补劣势、拓展空间、降低成本。因此，“飞入地”必然与“飞出地”存在某些方面的差异性和互补性，从而使两地能发挥各自不同的优势，产生互补效应，进而实现两地共赢。②

4. 产业关联性

“飞出地”在进行规模扩张的时候，必然不会脱离原有的特色和产业优势，而是会根据自身的实际情况调整重点，进而发挥其管理优势、资金技术和市场优势。考虑到区位因素，开发区一般会对“飞入地”进行原有产业的延伸和转移，“飞出地”着重从事研发和设计等附加值较大、辐射力较强的产业分工环节，“飞入地”则致力于制造环节，从而在区域之间形成完整的产业链。③

（三）“飞地经济”的合作成本

区域合作的成本包括合作项目本身的生产成本以及达成合作所需要的交易成本。这些成本需要各合作地区政府共同分担。如何在区域经济合作过程中最大限度地降低并合理有效地分担这些成本，是提高合作收益的一个关键问题。在一般情况下，与相互竞争相比，合作的成本较低。因为在合作条件下，原来由两个或多个经济主体承担的成本有可能变为由合作者共同支付。具体的合作成本可以分为四类。

---

① 李瑜：《飞地经济发展模式研究》，《科技信息》2007 年第 31 期。

② 梁新举：《承接产业转移下的飞地经济建设探索——以宣城市为例》，《知识经济》2010 年第 3 期。

③ 吴素春：《飞地经济研究综述与展望》，《山东工商学院报》2013 年第 3 期。

1. 机会成本

首先，合作双方的飞出方为了合作将会离开自己的自然禀赋选择进入一个陌生的领域，为此合作各方会失去各自独立发展的机会成本。其次，建立在资源共享优势互补基础之上的区域合作，要求合作各方以自己的资源禀赋心甘情愿地为合作区域中其他地区“作嫁衣”，提供产业配套支持，从经济人角度讲，这具有较大的难度。最后，发展传统产业相对来说比较稳妥，一些地方官员往往注重经济业绩，所以宁愿保持与竞争对手相似的产业结构，造成区域产业结构雷同，也不愿承担政治晋升博弈中相对位次下降的风险。① 因此，地方政府领导人出于对政绩工程或短期效益的考虑，往往也不愿进入一个陌生领域发展。

2. 信息成本

合作之初，合作各方为了寻求合作必须为信息沟通付出一定的努力。例如，广东河源地区为缩短建立产业转移工业园的时间，首先建立了一个双向交流机制。河源主动与中山、深圳等市沟通协调，高层之间频繁开展合作洽谈会议，商定产业转移工业园建设的相关事宜及合作方式。为解决合作过程中随时会遇到的各种问题，地方政府还建立了产业转移工业园区建设联席会议制度，以确保产业转移工业园建设的顺利进行。在信息沟通的过程中必然会发生一定的办公费、资料费、招待费等费用。

3. 监督成本

合作过程中各方达成合作协议后，没有一个明确的独立的第三方监督主体，仅在合作双方自愿的情况下，很难让合作的某一方先投入合作成本，由于信息的不对称，他们往往因担心对方不履行合作协议或履行不到位而不作为，从而导致经济合作战略流于形式。为了避免在合作过程中合作成员不负责任的行为侵害组织利益，监督对方对合作协议的有效执行势必会产生一笔费用，而这笔费用则需要合作各方分摊。

4. 谈判成本

从经济人角度讲，每个经济主体都在追求自身利益的最大化。所以在合

① 卢倩：《区域协调发展中的政府管理机制创新》，《学理论》2009年第28期。

作初期，双方需要对合作事宜进行协调，在利益分配的时候又需要通过谈判达成令合作各方都满意的协议。应在发展“飞地经济”之前把管理权限分配好，把利益分配协调好，否则利益分配问题会成为持续合作的障碍，甚至会引起不必要的纠纷。① 双方在达成合作协议过程中耗费的人力、物力和时间，折算出来也是一笔不小的费用。

四　五峰县发展“飞地经济”的研究

（一）五峰县的环境与经济现状

1. 五峰县的环境现状

湖北省五峰土家族自治县（简称五峰县）地处鄂西南边陲的深山之中，属武陵山区，集“老、少、边、山、贫”于一身。全县面积 2372 平方公里，辖 5 镇 3 乡，2019 年总人口 20.8 万人，其中以土家族为主的少数民族人口占 84.77%。五峰县工业用地极为有限，是罕见的无国道、无高速公路、无水运航道、无铁路、无航空的“五无”县之一，在发展上面临诸多困难。但其森林覆盖率达 81%，居全省县市首位，生态优良，资源丰富，2010 年被纳入国家重点生态功能区名录，被列为三峡库区水土保持生态功能区，属于国家限制开发区域。

2. 五峰县的经济状况

受政策限制和交通区位落后等因素影响，五峰县工业经济发展水平十分落后。根据 2011 年五峰县国民经济和社会发展统计公报数据，2011 年五峰仅实现工业总产值 29.9 亿元，规模以上工业企业增加值 7.3 亿元，规模以上工业企业仅有 14 家。与周边同类县市相比，五峰县的工业经济无论是在总体规模，还是在发展速度、质量上都远远落后，尤其是规模以上工业增加值无论是总量还是占 GDP 比重、增长速度均处于全省落后水平。

① 邢洁：《山东省发展“飞地经济”及政策支持研究——以黄区为例》，硕士学位论文，山东师范大学，2013。

3. 五峰县经济落后的原因

近几年来，五峰工业园区基础设施建设和产业发展虽然取得了显著成效，但与省内其他县市园区相比，差距越来越大，一些深层次矛盾和问题已严重阻碍工业的进一步发展，主要表现在以下几方面。

第一，工业用地匮乏，发展空间受阻。省政府批准的工业园区规划范围内工业用地总量为0.81平方公里，由于近年来的快速发展，当下可用于新上工业项目的用地已无法满足园区经济快速发展的需求。

第二，运行成本较高，工业基础薄弱。五峰距宜昌、武汉等大城市相对较远，受到的辐射带动力弱，对外开放程度不够。县内的渔洋关低碳产业园距宜昌200公里，距武汉500公里，与经济发达地区特别是距大中城市太远，五峰未能融入武汉3小时、宜昌1小时经济圈，仅靠陆路运输与外县联系。县内工业运行成本较高。市场竞争力偏弱。工业基础十分薄弱，粗加工产品多，精加工和高附加值产品少，产品缺乏市场竞争力；山地多平地少，土地平整、防洪治理和基础配套成本高。这些问题成为五峰经济社会跨越式发展的“短腿”。

第三，要素集聚不畅，产业龙头不大。农副产品品种多，种植规模小，工业化生产供给不足；行业门类多，缺乏产业规划，难以形成专业化，起到引导、带动发展作用的产业集群①；电网结构不合理，发电丰枯期的峰谷差距过大，电力供应矛盾突出，输电线路受阻；金融服务体系不健全，服务水平低，融资担保能力弱，难于满足企业的经营与发展需要。

第四，创新能力偏低，文化建设滞后。工业园区企业群体少，创新能力与自我发展能力低，企业文化缺失，真正意义上的企业家、职业经理人少；稳定的熟练工人数量少，各类专业人才更是紧缺，人才引不进、留不住的现象十分突出；经济发展、教育水平、社会文化水平相对落后，导致企业的管理理念落后②；家长式、家族式管理企业多，制度化、专业化管

① 卢倩：《区域协调发展中的政府管理机制创新》，《学理论》2009年第28期。

② 赵建华等：《承接东部沿海产业转移，推动宜昌经济新一轮发展》，政协宜昌市委员会，2008。

理企业少，企业的现代化管理水平亟待提高，企业的凝聚力和竞争意识亟待加强。

（二）五峰县发展“飞地经济”模式

1. 突破经济障碍，发展“飞地经济”

2010 年，国务院印发的《全国主体功能区规划》将五峰纳入国家重点生态功能区名录，列为三峡库区水土保持生态功能区，属于国家限制开发区域。在保护与发展的两难困境下，县政府更加坚定了走出山门谋发展、谋突破、谋跨越的信心和决心。五峰县决策者改变了发展思路，为了既不破坏生态，又突破工业发展的“桎梏”，基于生态立县、工业强县战略，与枝江市在枝江市白洋镇合作共建五峰民族工业园区，跳出五峰发展“飞地经济”。五峰工业经济发展的主战场一下子从重重大山搬到了交通便利的长江边上。

该工业园区规划总面积 7. 81 平方公里，其中工业用地 5 平方公里，可供 80 ~ 100 家企业入园。园区由横穿东西的 500kV 电力高压走廊分为南北两个园区，其中南园区用地面积 3. 14 平方公里，北园区用地面积 4. 67 平方公里。园区紧临 318 国道，机场、码头、铁路、高速公路环绕四周，交通十分便利。优先发展珠宝首饰、装备制造、电子信息、新材料、新能源、现代物流等产业，依托产业基础和人才资源优势，引导企业向园区和基地集聚，发挥规模效益和产业协同效应。①

2. 实施高位嫁接，做实“飞地经济”

2011 年 1 月 7 日，五峰县与枝江市正式签订了《枝江市人民政府五峰土家族自治县人民政府合作共建五峰民族工业园区协议书》，明确了五峰民族工业园区的建设管理体制、组织领导及双方职责分工、利益分配办法。在此基础上，五峰县完成了服务机构组建并着手探索优化园区运行机制，建立精简、高效、优质的园区发展软环境，确保园区建设顺利推进。五峰县在全县抽调“精兵强将”成立了五峰民族工业园区管理委员会，明确由两名县

① 张明林、周荣华：《中国中部地区承接第四次产业转移对策研究》，工程和商业管理国际学术会议，2011。

级领导负责园区建设，并根据园区需要组建了经济发展局、招商局、国土分局和住建分局。为切实做好基础设施项目与落户招商项目服务，园区积极探索建立园区运行管理体制，在与枝江市主要领导和相关部门进行反复交流的基础上，确定了项目审批、建设、管理、服务的运行机制与流程。各类项目由园区自主招商、自主决策、自筹资金、自我建设；项目审批、注册、管理与服务由枝江市各部门按照本市同类开发区执行，由园区安排专人实行全程代办服务。园区规划和建工管理由枝江市住建局委托五峰民族工业园区住建分局全权管理，减少了审批环节，缩短了审批时间，提高了审批效率；园区征地拆迁安置与相关社会事务由当地党委、政府统一领导、统一管理、统筹负责；企业服务收费享受枝江市同类企业待遇。

3. 注重高端突破，做大“飞地经济”

五峰县把五峰民族工业园区当成实现跨越式发展、赶超进位的重要平台来建设，精心谋划园区发展，科学制定园区发展规划，明确了园区发展装备制造、新材料、新能源、环保产业为主兼有综合服务功能的发展方向。园区将大力引进科技含量高、带动能力强、税收强度大、产业链接长的清洁环保型项目，努力将五峰民族工业园区建设成为产业布局合理、功能配套齐全、生态环境怡人的现代工业小镇、民族工业新城。围绕这个奋斗目标，五峰将按照逐年投入、滚动开发的思路，“十三五”期间以北园区开发为主，新开发面积400公顷左右，期末入园项目累计达到50～60个，累计完成投资50亿～70亿元，力争期末年产能（技工贸收入）达到60亿～80亿元；到2025年，基本完成园区整体开发，入园企业80～100家，累计完成投资100亿元，期末年产能（技工贸收入）达120亿元以上，年提供税收5亿元。通过10年至15年的努力，将园区建设成为五峰县经济社会发展的核心增长极。

4. 立足高点起跳，做强“飞地经济”

五峰县聘请知名专家做好规划设计，始终坚持高点谋划。园区立足融入宜昌都市工业圈，对接长江经济产业带，在基础设施建设、产业发展方向及园区功能定位三个方面与宜昌国家级高新区白洋工业园总体发展规划无缝对接，顺利完成了《五峰民族工业园区总体规划》、《五峰民族工业园控制性详细规划》以及《五峰民族工业园区总体规划环境影响报告书》的设计评审工作。与此同时，五峰县大力改善园区发展环境。落实新增建设用地规划指标5平方公里，落实年度建设用地指标107.2公顷。平稳顺利地完成园区首期基础设施建设和入园企业急需的41.1公顷土地及25户居民的征地拆迁工作。2012年2月，又顺利启动1000亩的征地拆迁工作。由南京天方市政工程有限公司承建的五峰县第一个基础设施建设BT工程，园区1#、5#主干道路于2011年9月正式开工建设。园区供电、供水、通信、天然气等配套设施建设均已全面启动建设，2012年底已陆续完工并投入使用。园区发展环境得到明显改善，为招商引资奠定了良好的基础。2011年以来，园区共洽谈项目88个，签约三峡国际珠宝博艺园、宜化集团铝型材、红旗中益电线电缆制造项目等6个重大项目。其中，红旗中益电线电缆项目已于2011年9月正式开工建设，2013年正式投产；2012年8月，投资40亿元的三峡国际珠宝博艺园正式开工建设，建成后填补了华中地区该类产业的空白。2019年以来，五峰依托“飞地经济”体建设，推动工业经济转型升级。以五峰民族工业园区为龙头，抢抓宜昌高新区战略东移机遇，着力做强“珠宝首饰、装备制造、新材料、新能源”四大主导产业，力争使园区实现规模以上工业总产值30亿元以上。

五　五峰县发展“飞地经济”溯源

（一）理论溯源

2004年，笔者在中国地质大学攻读博士期间，构思“经济系统”特征的研究，因与昝廷全教授的“系统经济学”重名，但研究思路和重点不一样，便决定更名“系统资源约束理论”继续探索，研究经济系统受到约束、突破约束、约束变迁等系列特征。2005年该研究项目获批为江西省社科项目。2006年笔者以结题报告为基础撰写博士论文《系统资源约束理论探索与实证分析》，获得博士学位。论文中提出了生态经济思想——“宜工则工、宜农则农”。根据系统资源约束理论，经济系统的发展既受到自然资源的约束，又受到市场资源约束，同时受到环境资源、制度资源（政策资源）及人力资源等的约束[①]，系统约束使一些三峡库区、武陵山片区的县域经济发展受到制约，只有创新思维才能突破经济增长与环境保护的矛盾。

（二）实践历程

在就任宜昌市四届政协委员期间，笔者接受市政协委托成为《积极承接东部沿海产业转移，推动宜昌新一轮经济发展》调研报告的主笔。我们对沿江突破一直有美好的愿景及长远的规划，政协委员也常常就近考察沿江发达经济体的成就，但是没机会考察长阳、五峰、秭归、兴山等县域经济体的发展情况。

在主笔调研报告的过程中，笔者提出了承接转移、沿江突破的具体思路，并根据“系统资源约束理论”中“宜工则工、宜农则农”的思想，提炼出“飞地经济”的发展理念：“创新园区管理体制和开发机制。有条件的园区，可以按市场运作方式成立具有独立法人资格的基础开发公司，实行综合开发，滚动增值，逐步建立起长期、稳定的园区基础设施建设投融资机制，为吸引产业大规模转移到宜昌市创造条件。为了优化产业布局，本地暂无条件或不适宜承接的转移产业，可以按照市场导向和产业布局原则，转移到其它具备吸纳条件的外地园区落户，发展共建共享、收益分成的‘飞地经济’，实现优势互补、互利双赢。”[②]

后来，在接受三峡商报记者赵春宇采访，论述三峡工程结束后如何发展“移民经济”时，笔者抓住机会把“飞地经济”及时传播了出去：“库区在蓄水以后，耕地资源减少了，产业水平也下降了。为此，国家通过很多政策来弥补不足，支持库区的产业发展。我的建议是离开库区谈库区产业发展，发展‘飞地经济’。”“可以在库区发展农产品深加工、原材料深加工等产业，但不宜大规模发展工业，这样一是容易造成当地生态环境的损害，二是

① 赵建华：《系统资源约束理论探索与实证分析》，博士学位论文，中国地质大学，2006。

② 赵建华等：《积极承接东部沿海产业转移，推动宜昌新一轮积极发展》，中国民主建国会湖北省委政协集体提案，2009。

难形成产业链，导致产业成本高，造成资源浪费。如果将工厂建在库区周边的生态工业园或者其他工业园，同时享受库区、移民政策，则是双赢的局面。"① 时任省长李鸿忠同志考察五峰经济发展时，发现五峰确实没有环境容量承载大体量的工业开发，于是指示"五峰还是按照宜昌提出的'飞地经济'发展理念来发展工业吧"。后来笔者通过民建湖北省委又向中共湖北省委统战部提交了"飞地经济"政策建议（2015 年 1 月 26 日）。2016 年 3 月，国务院发布国家"十三五"规划纲要，"飞地经济"被纳入第九篇"推动区域协调发展"第三十七章"深入实施区域发展总体战略"第五节"健全区域协调发展机制"："创新区域合作机制，加强区域间、全流域的协调协作。完善对口支援制度和措施，通过发展'飞地经济'、共建园区等合作平台，建立互利共赢、共同发展的互助机制。建立健全生态保护补偿、资源开发补偿等区际利益平衡机制。鼓励国家级新区、国家级综合配套改革试验区、重点开发开放试验区等平台体制机制和运营模式创新。"②

在国际学术交流中，笔者保留采用"Flandy Economy"这个翻译的想法，原因之一是，笔者提出这个概念时，想到的是地质学上"飞来峰"的概念：当逆冲断层和推覆构造发育地区遭受强烈侵蚀切割，外来岩块被大片剥蚀，只在大片被剥落的原地岩块上残留小片孤零零的外来岩体。于是采纳"fly + land"融合而成"Flandy"，即"飞地"。"飞地经济"理念讲究的是融入当地的产业体系构建经济体。当然针对应急、安全和环保等属地化管理的问题，应该遵循谁受益谁负责的制度设计。

为了深入研究"系统资源约束理论"及其"飞地经济"等政策设计，笔者先后参加了 1000 多个投资项目的环境影响评价工作，充分了解经济发展的内在逻辑，明确了生态环境保护与消除贫困和移民生计等不可偏废，"飞地经济"是把中央扶贫政策、移民扶持政策与沿江产业突破相结合的顶层设计。笔者近 10 年的坚持不仅建立在创新理论的引领上，而且扎根于众

① 《赵建华答记者："后三峡时代"库区经济机遇》，新浪微博，http://blog.sina.com.cn/s/blog_5976299b0100xoh1.html。

② 《中华人民共和国国民经济和社会发展第十三个五年规划纲要》，中国人大网，http://www.npc.gov.cn/wxzl/gongbao/2016-07/08/content_1993756.htm。

多项目建设环境影响评价和经济技术评估的实践。在2014年参与北京大学与爱知大学学术交流发言，介绍了“飞地经济”等学术思想后，爱知大学教授高桥五郎先生评价笔者的演讲充满了“大爱”。记得殷鸿福院士在给博士生讲课时强调：“我给你们讲课，应该讲没有定论的前沿思想，这是学术创新的基础。”其实，促使笔者提出“宜工则工、宜农则农”“飞地经济”发展理论的，是系统资源约束理论。笔者以为，三峡地区是研究系统资源约束理论重要的天然“实验基地”。

《三峡文化研究》第 15 辑
第 137 ~153 页

宜昌高质量发展产业体系建设研究

苏发金　苏　简*

摘　要： 高质量发展必须建设现代化经济体系，现代化经济体系要求加快现代产业体系建设。宜昌产业体系水平较低，经济发展脱实向虚；科技创新能力不足；现代金融与实体经济脱节；人力资源对实体经济发展的支持作用不足；实体经济与金融、人才与创新协调性不强。必须优化产业结构促进实体经济发展，围绕科技创新推动产业体系建设，推进现代金融与产业体系深度融合，充分利用人力资源，构建实体经济、科技创新、现代金融、人力资源协调发展的产业体系。

关键词： 高质量发展　产业体系建设　宜昌

一　引言

十九大报告指出，我国经济已由高速增长阶段转向高质量发展阶段，正处在转变发展方式、优化经济结构、转换增长动力的攻关期，建设现代化经济体系是跨越关口的迫切需要和我国发展的战略目标，必须着力加快建设实体经济、科技创新、现代金融、人力资源协同发展的产业体系。① 当前我国经济发展坚持质量第一、效益优先的方针，以供给侧结构性改革为主线，推动经济发展质量变革、效率变革、动力变革，从根本上提高全要素生产率。我国

* 苏发金（1967 ~），博士，三峡大学经济与管理学院教授，主要研究方向为区域经济；苏简，招商银行上海分行职员。

① 中共中央委员会：《中国共产党第十九次全国代表大会报告》，2017 年 12 月。

经济进入常态后，高质量发展成为经济发展的新要求。经济高质量发展，要求一个经济体（或企业）在投入上能利用科技进步科学配置资源要素，推动效率变革，实现资源要素配置从过去的粗放经营转向集约节约经营，使资源要素的利用效率明显提高；通过科技进步和管理创新推动质量变革、动力变革，使产出的品质明显提升，效益大大提高。2018年4月24日至28日习近平总书记在湖北考察时强调，高质量发展是体现新发展理念的发展，是经济发展从“有没有”转向“好不好”。[①] 高质量发展不仅仅限于经济范畴，还应考虑社会、政治、文化、生态等方面的影响因素。新时代经济高质量发展要体现为产业产品的创新性、经济与其他领域的协调性、环境资源利用的可持续性、经济发展的对外开放性和发展成果的可共享性。

新时代经济高质量发展的生产力基础是构建实体经济、科技创新、现代金融、人力资源协同发展的产业体系。“四元”协同发展的产业体系是经济高质量发展的重要支撑。经济发展本质就是技术不断进步、产业不断升级。十九大提出通过建设现代化经济体系促进经济高质量发展，而建设现代化经济体系的核心是建设协同发展的产业体系。充分利用科技创新、现代金融和人力资源推动实体经济转型发展是当前第一要务，建设“四元”协同发展的产业体系，强调了实体经济在产业体系构建中的重要地位，突出了当前实体经济与创新、金融和人才之间的重要关系。未来产业体系建设要将技术、金融、人才等生产要素与实体经济发展协同起来，通过每一种生产要素质量的提高、配置结构的优化，提高经济增长的质量和效益，使经济增长依靠科技进步、资本配置优化和劳动者素质提高，发挥现代经济要素对经济增长的决定作用，实现新旧动能的转换。[②] 这契合现代经济增长理论，强调创新、金融和人才是现代经济增长的主要动力，而当经济发展到一定水平以后，创新成为经济增长的主要源泉，创新又由专业化人才来推动，金融资本决定技术创新的产生和发展。我国经济发展突破“三关”，必须发挥创新引领发展的第一动

① 蒋超良：《奋力谱写新时代湖北高质量发展新篇章》，求是网，http：//www. qstheorg. cn/dukan/qs/2018 -05/31/c_ 1122897764. htm。

② 邹薇：《建设现代化经济体系，实现更高质量发展》，《学术前沿》2018年第1期。

力，提高科技创新在实体经济发展中的贡献份额，增强现代金融服务实体经济的能力，优化人力资源支撑实体经济发展的作用。湖北地处我国中部地区，肩负支撑中部崛起的重担，湖北省委提出在中部崛起战略中要“建立支点，走在前列”。在当前的语境下，湖北要践行高质量发展国家战略，做中部区域经济发展高质量发展的表率，建立“四元”协同的产业体系是第一要务。2018 年 4 月，习近平总书记对湖北进行视察，强调湖北在高质量发展上要走在全国前列，转变生产发展方式，走在中部崛起的前列。[①] 宜昌作为湖北的省域副中心城市必须通过“四元”协同产业体系建设来推动自身及湖北高质量发展。

二 宜昌高质量发展产业体系建设的基础

（一）宜昌产业发展现状

1. 农业平衡发展

农业作为关系国计民生的基础性产业，是宜昌产业体系的基石，稳定着 1/4 从业人员的就业。宜昌“七山二水一分田”的地理特点适合发展特色农业，形成高山蔬菜、园林水果、茶叶、畜牧、水产、中药材六大特色农业板块。粮食、经济作物、牧业等传统农业产业仍是宜昌农业产业的主要构成（见表 1）。2017 年宜昌粮油生产稳定，粮食总产量 154.3 万吨，增长 0.9%，油菜籽产量 20.43 万吨，增长 3.3%。特色种植由柑橘、茶叶、蔬菜构成，发展态势较好。畜牧产业数量规模下降，质效提升。水产养殖结构调整、量降价升，总效益增加。经济作物与牧业为宜昌农村做出八成贡献。2017 年宜昌第一产业 GDP 占比为 11.06%，第一产业就业人员比重为 23.5%，近几年宜昌农业比重稳定在 10% 左右，农业就业人员比重快速下降。[②]

① 《在新时代征程上谱写高质量发展新篇章》，湖南省人民政府网，http://www.hubei.gov.cn/szgq/gzl/ls_9459/201809/t20180914_1717951.shtml。

② 《宜昌统计年鉴（2018）》，中国统计出版社，2018，第 131 页。

表1　2017年宜昌农业内部产值结构

单位：%

	粮食	经济作物	蔬菜	果茶	林业	牧业	渔业	农业服务
占第一产业比重	7.25	45.61	21.94	20.03	0.95	36.34	6.34	6.34

资料来源：《宜昌统计年鉴（2018）》，中国统计出版社，2018。

2. 工业不断做大做强

2017年，全市规模以上工业总产值3077.38亿元，比2016年下降1.9%。采矿业产值150.24亿元，比2016年下降14.72%；制造业产值2592.52亿元，比上年下降1.75%；电力、燃气及水的生产和供应业产值334.62亿元，比2016年增长4.41%。2017年宜昌工业创造了53.9%的GDP，吸纳了32.2%的人员就业。①传统工业产业改造升级深入推进，纺织产业吸纳新技术，服装、棉纺织、印染等产业，服装用纺织品等终端产业极力打造新品牌。电力能源产业降耗减排，小水电开发和更新改造不断推进，火电适度发展，清洁能源占比不断提升。配电网、电动汽车充电设施等能源民生工程建设力度加大，大力推进清洁能源使用。推动新型能源开发使用，规划核电备选项目、特高压变电站建设。

新兴产业发展如火如荼。2017年，化工、食品、装备制造、新材料、生物医药、电子信息六大产业累计实现工业总产值2475.57亿元，比2016年增长2.28%，占全市工业的比重为80.44%，比2019年提高3.25个百分点；六大产业规模以上工业企业1080家，占全市规模以上工业企业总量的73.02%。化工产业实现产值609.04亿元，比2016年增长12.16%，占全市总量的19.79%，规模以上企业118家；食品产业实现产值576.41亿元，比2016年下降10.42%，占全市总量的18.73%，规模以上企业300家；装备制造产业实现产值521.43亿元，比2016年下降0.91%，占全市总量的16.94%，规模以上企业327家；新材料产业实现产值355.68亿元，比2016年增长1.94%，占全市总量的11.56%，规模以上企业171家；生物医药产业实现产值246.52亿元，比2016年增长13.77%，占全市总量的8.01%，

① 宜昌市经济与信息局2017年度经济统计资料，内部资料。

规模以上企业102家；电子信息产业实现产值166.49亿元，比2016年增长17.21%，占全市总量的5.41%，规模以上企业62家。[①]

3. 服务业发展后劲充足

2017年宜昌服务业创造35.7%的GDP，以交通运输、仓储和邮政、批零住餐等为代表的传统服务业稳步增长，以信息传输、软件和信息技术服务、金融、房地产等新兴服务业快速发展。服务业规模不断扩大，2017年服务业产值16503.4亿元，占GDP的45.2%。服务业投入力度增大，2017年服务业投入17723.86亿元，增长10.6%，占全年投入的50.3%。服务业吸纳就业能力不断增强，2017年宜昌有94万人在服务业就业，占全部从业人员的44.3%。服务业发展促进居民生活水平提高，服务业发展改善居民消费环境，促进消费提档升级，也提高了居民的收入水平。2017年宜昌城镇居民可支配收入达24182元，增长8.6%，城镇居民人均收入32316元，增长8.7%，城镇居民人均消费支出20246元，增长8.1%；农民人均纯收入15253元，增长8.5%，农民人均生活消费支出12113元，增长8.3%。[②]

消费市场繁荣稳定。2017年实现社会消费品零售额1330.33亿元，占GDP的34.5%。其中，批发和零售业实现零售额1103.27亿元，住宿和餐饮业零售额227.06亿元。交通运输、现代物流发展快速发展，构建完善了高效的现代物流网络体系。旅游业长足发展，2017年实现旅游总收入713亿元，增长18.4%，旅游外汇收入16751万美元，增长16.9%。金融保险证券业发展稳定，2017年末金融机构人民币存款余额3494.13亿元，比年初增加364.11亿元，各项贷款余额1855.44亿元，比年初增加150.92亿元。租赁、商务服务、文化产业蓬勃发展。2017年房地产业完成增加值75.04亿元，占服务业增加值的10.9%。房屋施工面积1843.64万平方米，房屋竣工面积260.44万平方米，增长6.2%。商品房销售面积381.02万平方米，商品房销售额196.58亿元。[③]

① 宜昌市经济与信息局2017年度经济统计资料，内部资料。

② 宜昌市经济与信息局2017年度经济统计资料，内部资料。

③ 宜昌市经济与信息局2017年度经济统计资料，内部资料。

（二）宜昌产业发展优势

1. 实体经济基础坚实

2017年宜昌市GDP为3857.17亿元，第一产业GDP为426.72亿元，第二产业GDP为2077.58亿元，第三产业GDP为1352.87亿元，人均GDP 93331元，地方财政公共预算收入242.08亿元。工业制造快速发展，2017年规模以上工业总产值2734.55亿元，其中轻工业占比为32.7%，制造业占比为67.8%。高新技术产业发展迅速。2017年宜昌高新技术产业增加值406.41亿元，占GDP的10.54%，高新技术产业企业达382家。政策支持战略性新兴产业发展力度加大，出台《关于加快培育和发展战略性新兴产业的意见》，提出重点培育和发展新材料、生物、高端装备、新一代信息技术、节能环保、新能源六大战略性新兴产业。2017年战略性新兴产业产值突破2475.57亿元。①

2. 产业发展的创新环境不断改善

2017年宜昌研发投入47.1亿元，占GDP的1.22%。总就业人数212.2万人，从事研究活动人员达24758人，占从业人员的1.17%。2017年企业研发投入37.0亿元，占全部研发投入的78.56%，企业研发人员17276人，占全部研发人员的69.8%，企业成为研发的主体。② 政策体系不断完善，加快创新引领作用。围绕科技创新、国家创新型试点城市建设、科技企业孵化器建设、大众创业万众创新、支持人才创业创新、建设创新创业之都等出台一系列政策措施。推进协同创新，鼓励企业和高校、科研院所以股份制、委托、知识产权许可等方式，建立产学研技术战略联盟，搭建产学研联合研发平台。打造更多的创新平台，围绕精细化工、新材料、生物医药、电子信息等重点产业高新技术领域，支持有条件的企业加强技术研发中心和实验室建设。

3. 培养优秀人才打造“智力之城”

“三线建设”在宜昌留下中船重工第710研究所、502地矿所等一批国家级科研单位，葛洲坝、三峡大坝建设让宜昌成为水电之都，富有水电特色的三峡

① 宜昌市经济与信息局2017年度经济统计资料，内部资料。

② 宜昌市人民政府：《2017年宜昌市国民经济与社会发展统计公报》，2018。

大学及依托地方成长起来的三峡职业技术学院等高等院校，每年培养各类人才近10万人，有大量后备人才。宜昌政府部门实施人才工程建设，引进高级人才。加强与海外高层次智力人才的联系和合作，建立地市州海智工作基地。吸纳引进高层次人才，引入创新创业项目，建设招才引智平台，加强国际学术交流。打造长江中上游区域性创新创业中心城市，加速从“产业集聚人才”向“人才引领产业”转变，将宜昌打造成多层次人才创新创业新高地。

4. 引导资金流向实体经济

2017年宜昌实施“千企千亿”技改工程，计划用3年时间，引导1000家以上工业企业实施技术改造，完成投资1000亿元以上，促进企业把主业做优做强，增强产业核心竞争力。宜昌农业部门为解决新型农业经营主体“融资难”“融资贵”问题，引进新型金融服务，配合省农业信贷担保有限公司开发“楚农贷”信贷业务支持农企发展。工业部门加强上市后备企业培育和辅导，推动更多优质企业利用多层次资本市场，用好国家贫困县上市绿色通道政策，实现上市直接融资。实体经济投资不断加大，第二、第三产业投资总占比逐年增加，第三产业投资增加幅度大于第二产业，投资重点由第二产业向第三产业转变（见表2），投资结构不断优化，注重提高经济发展质量。

表2　2010～2017年宜昌三大产业投资占比

单位：%

年份	2010	2011	2012	2013	2014	2015	2016	2017
第一产业	7.4	6.2	6.9	6.2	6.8	3.8	2.7	1.2
第二产业	54.4	54.6	49.1	48.4	48.0	40.5	48.4	48.5
第三产业	38.2	39.2	44.0	45.4	45.2	55.7	48.8	50.3

资料来源：《宜昌统计年鉴（2018）》，中国统计出版社，2018。

三　宜昌高质量发展产业体系建设面临的问题

（一）实体经济产业体系不完善

一是产业发展规模不大。宜昌GDP难以做大，主要是企业数量不够庞大。以工业为例，宜昌工业企业市场主体太少，截至2018年，宜昌规模以上企业为1300家（《宜昌统计年鉴（2019）》），而2017年沿江城市无锡规模以上企业有5258家（《无锡统计年鉴（2018）》），2016年中部同等城市洛阳有4781家，开封有3057家（《河南统计年鉴（2017）》）。说明宜昌还不是创业的热土，本地企业家匮乏，规模群体亟待培育，外地企业家来宜昌投资的热情不高，宜昌的投资环境还存在问题。

二是产业结构不协调。改革开放以来，特别是过去十多年来，宜昌依托丰富的自然资源、价格低廉的土地和劳动力要素，加大各种资金投入，扩大资本拉动经济的作用，实体经济体量不断增加。但经济产能在三个产业间的分布极不均衡，第二产业占比太高，相对而言第三产业占比太低。按照惯例，工业化中后期工业在GDP中的占比要降到40%以下，而宜昌第二产业占比还接近60%，说明宜昌的GDP主要靠第二产业支撑，工业化进程滞后于全国平均水平。第三产业占比很低，表明宜昌就业机会仍然很少，服务岗位吸纳就业能力不强，影响人口在宜昌聚集，居民收入水平难提高。随着工业化、城镇化不断推进，大多数人流向第三产业就业。第三产业与居民的收入水平高度相关，如果第三产业就业机会少，居民的工资水平就会较低。就业在三大产业间分配不均衡，第一产业就业人员比重太高，第三产业就业人员比重太低。

表3　2010～2017年宜昌三大产业增加值在GDP中的占比

单位：%

年份	2010	2011	2012	2013	2014	2015	2016	2017
第一产业	11.4	11.2	12.1	11.9	11.2	10.9	10.8	11.1
第二产业	57.5	60.5	60.3	60.1	59.3	58.7	57.2	53.9
第三产业	31.1	28.3	27.6	28.0	29.5	30.4	32.0	35.0

资料来源：《宜昌统计年鉴（2018）》，中国统计出版社，2018。

三是产业空间结构不协调。产业空间布局不平衡，城区工业企业极其弱小，规模以上企业数量和产值与“东四县”（宜都、枝江、当阳和夷陵区）相比，规模太小（如表4），不及有些县市区。高新区（副厅级单位）没有发挥好龙头示范作用。高新区产值只占全市产值的4%，而同级别洛阳高新区的产值占洛阳全市产值的40%以上。城区的实体经济不发展，经济全靠房地产支撑。

表4　2017年宜昌城区与“东四县”规模以上企业数量比较

单位：家

县区	市区	高新区	宜都	枝江	当阳	夷陵区
规模以上企业	143	26	242	187	230	132

资料来源：《宜昌统计年鉴（2018）》，中国统计出版社，2018。

（二）科技创新支持实体经济的能力不足

经济发展粗放表现明显。经济增长过度依赖自然资源，“靠山吃山、靠水吃水”的资源依赖型粗放式发展仍是常态。许多产业处于价值链中低端，高端技术制造业和服务业占比还不高。财政收入在GDP中占比很低（见表5），说明GDP创造的真金白银不多，带给地方的真实财富有限，从另一方面说明经济发展水平不高，投入较多，消费的资源不少，但得到的回报不高。

表5　2010～2017年宜昌财政收入在GDP中的占比

单位：%

年份	2010	2011	2012	2013	2014	2015	2016	2017
占比	4.5	5.3	6.1	7.3	8.6	10.0	8.1	6.3

资料来源：《宜昌统计年鉴（2018）》，中国统计出版社，2018。

实体经济发展的科技支撑作用不明显。2017年宜昌实现高新技术产业增加值406.41亿元，高新技术产业增加值占GDP的比重为10.5%，占规模以上工业增加值的比重为14.9%，低于全国平均水平。自主创新能力不强，科技成果转化水平较低，科技创新与实体经济“两张皮”的现象突出。宜昌高端制造较少，在国内叫得响的品牌不多，能进入国际市场的品牌就更少。研发投入严重不足，R&D/GDP仅为1.2%。从事研发的人员缺乏，宜昌研究人员仅占从业人员的0.9%[①]，科技创新缺乏高精尖人才，高端人才流向行政机关、事业单位和金融行业，以制造业为重点的实体经济部门缺乏人才。部分管理部门没有真正重视科技创新，科技创新激励机制不足，缺乏对科技人才的关心。科技创新与实体经济联系不密切，科技成果转化率低。

（三）现代金融与实体经济发展脱节

金融服务实体经济、现代化产业体系的基础能力不足。金融产业规模较小，2017年宜昌金融机构存款余额3494.13亿元，占GDP的比重为90.5%，金融机构贷款余款2745亿元，占GDP的比重为71.2%[②]，宜昌金融机构的可应用资金和被应用资金规模相对较小，金融深化不够。上市公司主体数量少，截至2017年，湖北上市公司119家，宜昌上市公司9家，占全省的7.5%，其中沪深两市6家、香港3家，9家上市公司市值875亿元。全国新三板挂牌企业401家，宜昌“新三板”挂牌企业22家，占全国的5.4%[③]，与宜昌省域副中心的地位相比，规模偏小。金融机构支持实体经济发展不作为、不担当，为转移信贷风险，贷款过程引入担保公司参与，增加了融资成本。新兴产业企业、小微企业和民营企业融资难的问题依然突出。资本市场发展滞后，直接融资比例较低，金融工具创新严重不足，银行经营局限于传统模式；金融人才匮乏，金融机构内部治理结构有待优化。

大量资金脱实向虚。由于劳动力成本上升，税负成本没有及时下降，经营实体经济成本上升，利润下降。基于资金逐利的本性，大量资金流向虚拟经济领域，特别是流向房地产市场。当前宜昌银行贷款中60%为购房贷款，用于消费的资金非常有限，严重制约实体经济发展。金融机构出于规避风险的考虑，在货款对象选择上偏向国有企业，一些产能过剩的国有企业占有大量资金，新兴产业企业和中小微型企业资金需求得不到满足。金融发展与实体经济脱轨现象日益严重，社会中的大量流动性资金在金融系统内空转或流

① 《宜昌统计年鉴（2018）》，中国统计出版社，2018。

② 《宜昌统计年鉴（2018）》，中国统计出版社，2018。

③ 宜昌市经济与信息局2017年度经济统计资料，内部资料。

向房地产，导致金融、房地产业快速膨胀和过度投机，形成金融、房地产“虚假繁荣”；同时，受回报收益率低、资产抵押困难等因素的影响，传统产业转型升级和新兴产业发展壮大需要的资金得不到金融部门的有效支持，致使实体经济发展困难。

（四）人力资源对实体经济发展的支持作用不足

宜昌地广人稀，地域面积2.1万平方公里，人口总数413万人，大部分区域为山区，平原丘陵区域较小，属于农耕区域，劳动者踏实肯干、吃苦耐劳。由于宜昌经济发展相较于东部地区还有一定差距，聚集人口的能力不强，人口流出大于流入。随着我国经济转向高质量发展，劳动力供需结构性矛盾日益突出，人才队伍规模不大、实力不强，缺乏国家级科技大师和高精尖人才，区域内部人才向外流动趋势明显。工程技术人才培养同生产脱节，本土人才国际化实力较弱，实体经济提质增效升级面临人才瓶颈。

近几年宜昌人口总量呈负增长趋势，劳动力资源总量呈现下降趋势，由2012年的225万人下降为2017年的212.2万人。人口老龄化更加明显，第六次人口普查显示，2015年宜昌60周岁以上老年人达到83.6万人，占宜昌总人口的20.6%，80周岁以上老年人达到10.63万人，占老年人总数的12.7%，预计到2020年，宜昌60周岁以上老龄人口将达到87万人，将占总人口的21.1%。[①] 宜昌人口学历水平较低，根据第六次人口普查数据，宜昌大学以上学历人口占8.6%，研究生学历人口占0.17%。[②] 人口学历水平偏低，导致人口产业间转移困难，第一产业从业人员占比虽是三个产业中最低的，但基数仍然很大，第一、第二产业就业人员向第三产业流动困难（见表6）。人才供需结构性矛盾突出，实体经济高质量发展面临工匠精神相对欠缺、工程技术人才培养同生产和创新脱节等问题；科技创新的领军人才、高精尖人才严重匮乏；企业缺少高素质管理人才，创新型企业家群体亟待壮大。

① 苏发金、田野：《新型城镇化背景下宜昌农民养老体系建设研究》，《三峡论坛》2018年第1期。

② 宜昌市经济与信息局2017年度经济统计资料，内部资料。

表6 2010～2017年宜昌三大产业从业人员占比

单位：%

年份	2010	2011	2012	2013	2014	2015	2016	2017
第一产业	35.5	34.1	33.3	31.6	29.6	27.0	25.0	23.5
第二产业	28.2	28.7	29.0	30.0	30.8	31.5	31.9	32.2
第三产业	36.3	37.2	37.7	39.4	39.6	41.5	43.1	44.3

资料来源：《宜昌统计年鉴（2018）》，中国统计出版社，2018。

（五）实体经济发展与金融、人才与科技创新协调性不强

宜昌存在实体经济结构性失衡、金融与实体经济失衡、房地产与实体经济失衡的“三大失衡”，实体经济供给侧结构性改革艰难、经济转型发展困难，低端产能过剩难以去化，以网络金融和房地产为代表的虚拟经济领域流动性过剩。实体经济创新能力较弱，生产回报率低，资本不愿进入平均利润率低的实体经济，而进入利润率水平相对较高的金融、房地产领域，造成房地产价格高企、金融风险累积。唯有科技创新，改造提升传统产能，提高中高端产品和服务的供给能力，才能解决中低端产能过剩和实体经济结构性失衡问题，同时把资金引入研究创新领域和实体经济，减少虚拟经济领域的流动性过剩。金融、人才与科技创新三者之间发展不协调，科技创新得不到金融和人才的有力支持，科技创新又无法在短期内实现，产业转型升级难以实现突破，导致实体经济难发展、虚拟经济膨胀的局面。

四 宜昌高质量发展产业体系建设的对策

按照现代增长理论，促使经济长期增长的主要因素是技术、资本和劳动。技术创新是经济增长的源泉，而劳动分工及专业化人力资本、金融资本及其配置则直接决定创新的效率。宜昌经济要实现高质量发展，必须优化产业结构促进实体经济发展，围绕科技创新推动产业体系建设，推进现代金融与产业体系深度融合，充分利用人力资源构建实体经济、科技创新、现代金融、人力资源协调发展的产业体系。

（一）优化产业结构发展实体经济

以深化供给侧结构性改革为主线，大力发展实体经济。一是促进传统优势产业改造升级。推动企业整合、嫁接、改造、转型，形成新的竞争优势，应用新技术，生产新产品，创造新品牌。宜昌是“三线企业”聚集地，制造、光学、电子设备、船舶等传统产业体量大，具有良好的发展基础，科研实力雄厚，但产业转型升级的难度也很大。宜昌产业结构优化升级要依靠这些产业的转型带动，传统产业要加强技术创新、工艺改造和产品升级，融入智能化因素，将制造业向“微笑曲线”的两端拓展，促进传统制造业提高科技含量，打造宜昌制造品牌。引入新生产方式和生产理念，促进传统产业生产数字化、精细化、柔性化、绿色化。二是坚决去除过剩产能。去化落后产能，消灭“僵尸企业”，实现资源要素的有效利用，提高供给产品的质量和水平，满足居民不断提升的消费需求。改造传统技术与工艺，促进产品形态质量的升级。三是培育壮大战略性新兴产业。借助宜昌“三线企业”已有的技术优势和发展基础，利用宜昌自贸区建设平台，面向国际市场发展先进制造业和现代服务业，推动互联网、大数据、人工智能同实体经济深度融合，促进宜昌产业迈向全球价值链中高端。根据宜昌资源优势与国际市场需求，培育世界级先进制造业集群，推动宜昌实体经济走向国际市场，融入国际市场产业链。四是打造具有宜昌特色的产业集群。同类行业、相关产业加强联系，形成产业链，打造产业集群，使旧产业换代升级，成为新的经济增长点。①

扩大宜昌经济主体规模。进一步优化经济发展环境，让经济活动参与者想干事、真干事、能干事。政府必须在“放管服”上下真功夫，要“放得下、管得好、服得优”。正确处理市场与政府之间的关系，深刻领会“发挥市场在资源配置中的决定性作用”的内涵，增强政府干预经济的有效性，防止“一管就死，一放就乱”现象产生。长远规划宜昌产业布局，优化宜昌产业结构。鼓励实体经济发展，控制金融、房地产畸形膨胀，地方政府要

① 胡峰、黄斌：《高质量发展背景下江阴市科技创新现状、问题及对策研究》，《科技和产业》2018 年第 10 期。

减少对土地财政的依赖，放下眼前利益，着眼区域经济长远发展。谋划发展基础性、前瞻性产业，营造有利于民营经济参与的经济环境，提高实体经济的平均利润率水平，控制虚拟经济领域日益虚高的利润水平，把资金引入实体经济领域。优化宜昌产业空间布局，在大力发展县域经济的同时，壮大城区经济。城区要通过发展现代服务业、高新技术产业来增加规模以上企业数量。高新区要在产业发展中发挥示范作用，通过技术创新、品牌创造、产业链整合、产业集群培育来带动宜昌区域经济的整体发展。

（二）围绕科技创新推动产业体系建设

宜昌建设高质量发展的产业体系，就是要促进产业与技术有机融合，催生新产品、新业态、新模式、新服务，优化资源配置效率，提高全要素生产率，打造宜昌品牌。首先，培育社会创新意识和创新精神，形成崇尚创新的社会风气。政府作为创新文化的建设者，要通过政策制定和行政引导，激发公众的创新意识。形成尊重知识、尊重人才、鼓励创新的社会风尚，必须承认创新是城市经济发展转型的根本动力，创新者才是这个城市最宝贵的财富。关心爱护知识分子和高层人才，为他们营造良好的工作环境，把宜昌打造成人才聚集之城。其次，加大科技创新投入，政府要增加基础科学科技创新投入，提高公共知识创新水平。通过财政补贴和奖励方式，引导和支持特色企业加大研发力度，实施科技赶超工程，掌握核心技术，占领产品市场竞争制高点。最后，促进产学研融合发展，加强研究平台和高技术重点实验室建设，促进重点企业与大专院校、科研院所的合作，共建技术开发中心等研发机构，提高城市创新能力建设。

加强绿色科技创新，促进宜昌绿色产业和康养产业发展。宜昌地处三峡区域，是重要的生态涵养地，水力资源丰富，承担着整个国家的生态保护功能。通过绿色科技创新，打造领先发展的绿色产业集群，将宜昌建设成为武汉、重庆的后花园，充分发挥宜昌生态功能。健康养老是当前我国面临的一个重大问题，宜昌地理位置有利于打造全国康养基础，吸引全国各地老年人到宜昌疗养、度假和养老。通过科技创新提高康养服务质量，建设一批业务精良的医学服务队伍。培育休闲、医疗、健康、养老和临终关怀产业链，大力发展夕阳产业，带动宜昌整体服务水平的提高。

（三）推动现代金融与产业体系深度融合

现代金融是协同发展体系的“血液”，是实体经济正常运行的基础。现代金融服务创新与产品创新，会更加有力地支持实体经济发展。增强金融服务实体经济能力，引导金融资源流向实体经济，有利于构建高质量发展的产业体系。上市公司及大企业共同出资建立“大企业互助资金”，弥补企业短期资金短缺问题，以股权投资方式投资市内或市外优秀企业。引导和支持宜昌上市公司在新兴产业领域扩大投资布局，通过示范效应，推动产业的转型升级。探索共担风险、保证授信额度，规范流程、实行市场运作，创新服务、提供多项选择等有效措施，破解中小型企业“融资难”问题。发展科技金融，应用互联网、大数据等新技术创新金融服务业态和方式，鼓励金融机构开发符合新产业新业态发展的信贷产品、保险产品，拓宽创新企业融资渠道，引导更多金融资源配置到战略性新兴产业和高技术产业，满足具有“轻资产”特征的知识和技术密集型企业融资需求，促进科技与金融协同发展。①

加快发展普惠金融，增强对小微企业、大学生创业就业的金融支持。发展绿色金融，对企业节能减排、清洁生产、循环经济等项目提供绿色信贷，支持绿色发展。综合运用表内外融资、债券承销、资产证券化等多种渠道，实现民营企业贷款增速和增量稳步提升。优先满足数字经济、智能制造、绿色制造、新兴动能等重点领域融资需求。创新授信模式，出台民营企业信用授信政策，支持无抵押担保民营企业融资。通过信用风险缓释工具、担保增信等多种方式，为流动性遇到暂时困难的民营企业提供支持。下调部分小微贷款指导利率，并推进减费让利，降低民营企业和小微企业融资成本。以“农业科技创新＋产业集群”推动宜昌现代农业发展，以高科技农业带动农业加工和农业服务业发展，实现产业间融合。② 宜昌金融企业要敢作为、勇担当，在金融风险管理和金融创新上多做文章，而不是逃避责任、转移风险。

① 苏发金、刘彻：《科技金融支持湖北创新发展的逻辑与路径》，《科技进步与对策》2016 年第 12 期。

② 董梦雅：《高质量推进农业特色小镇建设》，《湖北农业科学》2018 年第 19 期。

（四）充分利用人力资源

当经济水平发展到一定高度之后，人是经济增长的决定性因素。因为人能生产知识、创新技术，知识与创新形成经济增长新动能。宜昌建设高质量发展的产业体系，必须筑牢人力资源对实体经济的支撑。[①] 发展实体经济、科技创新和现代金融，人是最根本、最具决定性的核心因素。加大人才引进力度，聚焦“高精尖缺”领域，选拔和培养战略科技人才、科技领军人才、青年科技人才、高水平创新团队和掌握交叉学科知识的复合型人才。瞄准世界科技前沿，面向全球引进高层次人才。引进领军人才和高端领域的专业核心人才，引进产业创新发展急需的高级工程师、高技能人才。发挥大学作用积极培养人才，建设好三峡大学等宜昌本地高校，订单培养宜昌经济发展所需要的人才。利用重庆高校和武汉高校的辐射作用，补充宜昌人才资源的缺口。

优化人才服务政策，采取多种方式汇聚人才，扩大大企业组团、产业联合招聘范围。减少柔性人才的职业流动成本，用高待遇吸引高层次人才向宜昌聚集，为高层次人才向宜昌流动提供各种方便。营造适宜留住人才的生活和工作环境，打造人才聚集之都。在绿色发展背景下，长江经济带开放开发要求“不搞大开发，要搞大保护”，宜昌适合建设成武汉、重庆的后花园，培育绿色产业、发展高新产业是宜昌未来的发展方向，绿色产业发展需要一大批人才，知识技术创新是根本力量，宜昌地理位置、资源特色有利于发展现代服务业与高新产业，有利于将宜昌打造成人才之都、三峡智谷。激发和保护企业家精神，培育具有全球视野和创新思维的优秀企业家。紧贴高质量发展需求，大量培养掌握精密制造技术的工程师和工匠人才。

（五）构建协同发展体系

经济发展到工业化后期和后工业化阶段，经济转型升级、培育新动能至关重要。我国经济发展进入新常态以后，必须有效利用科技创新、现代金融和人才资源促进实体经济发展，构建协同发展产业体系关系到经济转型升级

① 芮明杰：《构建现代产业体系的战略思路、目标与路径》，《中国工业经济》2018年第9期。

和优化发展的成败。宜昌要加强制度与政策创新，营造公平公正的市场环境，形成审慎包容的创新生态，推动实体经济与三大要素良性互动、协同发展。首先，要深化“放管服”改革，优化营商环境，最大限度地减少政府对市场资源的直接配置和对市场活动的直接干预，减少政府干预职能，增强政府服务职能，更好地服务企业，激发微观主体活力。宜昌作为内地城市，受地理位置与传统思想的影响，创新意识和创新精神有待提升。其次，要全面实施市场准入负面清单制度和公平的竞争审查制度，大幅放宽市场准入限制，打破各种形式的行政垄断和市场垄断，为各类经济主体松绑减负，给不同所有制、不同规模企业创造公平的竞争环境。再次，加快国有企业改革，通过竞争倒逼国有企业提高经营效率。保护和支持民营经济发展，促进区域经济繁荣发展。最后，促进市场化改革。完善产权保护制度，严格保护知识产权，加大侵权者违规罚处力度。深化要素市场化配置改革，促进劳动力、土地、资本、技术、信息等要素自由流动，推动要素流向实体经济和高水平产业。①

① 冯柏等：《现代化经济体系的内涵、依据及路径》，《改革》2018 年第 6 期。

《三峡文化研究》第 15 辑
第 154 ~ 167 页

三峡库区特色小镇建设现状及反思

——基于龙驹镇的实证考察

谭晓静*

摘　要： 浙江特色小镇的成功经验及国家三部委关于特色小镇建设相关政策的出台，分别为全国各地特色小镇的培育和发展提供了实践路径和理论支撑。龙驹镇于 2017 年列入万州区特色小镇的培育名单，其生态特色鲜明，特色产业不够突出，文化资源十分丰富。截至 2017 年，政府就特色定位、总体规划及建设目标有了宏观设计，并在特色产业、传统文化及参与主体等方面进行了较有成效的实践。根据特色小镇理论和成功经验来看，龙驹镇在特色产业、特色形态与运营模式方面还需全面深入思考、慎重践行。

关键词： 三峡库区　特色小镇　龙驹镇

龙驹镇位于重庆市万州区东南部，地域面积 247.9 平方公里，是万州区第一“大”镇。场镇所在地距万州主城区 50 公里，距湖北省利川市 59 公里，东与梨树乡、恒合土家族乡和云阳县泥溪乡相倚，南与湖北省利川市谋道镇接壤，西与罗田镇、走马镇、茨竹乡相连，北与长滩镇为邻，是万州区辐射周边乡镇最多的市级中心镇。“地处鄂渝接合部”“一脚踏三县”“318 贯穿其中”“辐射周边最多乡镇”等术语均是对龙驹镇地理区位的概括。也

* 谭晓静（1975 ~ ），女，土家族，重庆三峡学院公共管理学院教授，民族学博士，主要研究方向为散杂居民族关系与民族问题。

正是因为区位优势，龙驹镇自北宋建市伊始至2000年，赢得了“川鄂边境的交通中心和贸易中心”“下东川最大集散中心与农副产品交易中心”“长江南岸最大米市”“江南深山的闹市”等赞誉。然而，2000年后，伴随城市化的快速推进，特别是“宜万铁路”的开通，火车成为“东进西出”的重要交通工具。由此，“318国道”被冷落的同时，龙驹镇亦被边缘化。2016年，浙江特色小镇的成功经验在全国推广开来，为龙驹镇的转型发展提供了机遇与挑战。2017年，龙驹镇成为万州区特色小镇的培育乡镇，其总体定位是“渝东电商特色小镇”，形象定位是“南宋风格、三山环城、三河融汇”的“人文边城、山水龙驹”。自此，龙驹镇在脱贫攻坚的重任之上，开启了由“边缘”向“中心”迈进的特色小镇建设之路。

特色小镇是坚持以产立镇、以产带镇、以产兴镇，促进从小镇资源到小镇产业，从小镇产业到小镇经济，从小镇经济到小镇发展的发展路径，最终实现产镇一体、协调发展，为中国特色小镇提供持续健康发展的动力与支撑。① 它兴起于浙江省，借助住房和城乡建设部、国家发展和改革委员会、财政部将特色小镇建设这股风吹向全国，从而涌现出以梦想小镇、云栖小镇为代表的十个浙江省级示范小镇。随着浙江特色小镇成功经验向全国渗透，国家也出台了诸多相关政策，以期促进我国特色小镇建设的快速推进。在全国特色小镇建设热情高涨过程中，国家发展改革委提出了建制镇与非建制镇两种体系并存的特色小镇发展模式。2016年7月，三部委在《关于开展特色小镇培育工作的通知》中，提出了特色小镇培育的“三个原则”与“五项要求”。三个原则是指坚持突出特色、坚持市场主导、坚持深化改革；五大要求分别是特色鲜明的产业形态、和谐宜居的美丽环境、彰显特色的传统文化、便捷完善的设施服务及充满活力的体制机制。

一　龙驹镇的“三特”

从国内外现有特色小镇建设的成功案例来看，特色小镇应具备以下三个

① 文丹枫、朱建良、眭文娟：《特色小镇理论与案例》，经济管理出版社，2017，第20页。

特点。一是生态环境独特。特色小镇的发展必须依托特有的地理环境，或具有得天独厚的自然风光，或与发达城市毗邻。二是产业独具一格。特色小镇的“特”字主要体现在产业特色上，一个小镇必然有一项产业与之匹配。三是文化风格鲜明。特色小镇一般都营造出统一的文化风格，表现为风格鲜明的旅游景点、统一的建筑外观或者格调。由此可见，特色小镇以“特色”元素为主题，衍生出特色产业、特色文化、特色景观、特色空间和特色建筑等，并以此牵引与驱动小镇建设的全部流程环节与目标愿景。龙驹镇的生态特色鲜明，产业特色突出，文化资源丰富。

（一）生态特色

龙驹镇的生态特色表现为“山美水丰”。其森林面积约为25万亩（16667公顷），覆盖率为67%，是万州区森林面积最大的镇乡；境内的大寨岭、孔子峡小风景区、打阵坪国有生态林区及王二包自然保护区是天然的生态林。尤其是龙溪村，森林面积达23000亩（1533公顷），其植被茂盛、大树参天，山中深藏着许多野生动植物，是休憩、避暑与参观的好去处。在茂盛的森林中还屹立着千年古桂、百年古柏、古松与黄桷树等古树，它们伴随古镇成长，见证了古镇的发展与变迁。

龙驹镇水系发达，沟壑纵横，有大小河流及溪沟16条，共计80公里，主要干流有磨刀溪、龙驹河、驷步河、团结河、苏马河，还有大龙溪、横柏溪、东流溪、大屋沟等次要支流。这些纵横河流不仅贯穿龙驹镇的各个村落，还与周围的恒合土家族乡、走马镇、茨竹乡、罗田镇、长滩镇、云阳县、梨树乡、湖北利川市谋道镇等密切连接在一起，既加强了龙驹镇内部与外部的沟通与交流，又促进了龙驹集市商贸的发展。

（二）产业特色

近年来，龙驹镇积极落实与推进国家扶贫政策，依据各村落的发展特点与优势，发展了特色生态产业。虽起步较晚，但已初成规模。大量中青年劳动力外出务工，致使诸多土地闲置荒废，并且传统农业种植经济效益低下，迫切需要寻找新的创新发展模式，龙驹镇采取“公司＋合作社＋农户”“公司+村委会+农户”“公司+大户+农户”等生产组织模式，发展生态种植产业和生态养殖产业。截至2017年，已种植银杏树200亩、茶叶2500亩、柠檬3000亩、晚熟青脆李1000亩、蜜柚500亩、中药材100亩；生态养殖有散养和标准化圈养的山羊和牲猪。[①]

（三）文化资源

龙驹镇位于万州区的最东边，成为重要的“国界”、“省界”和“文化界”。这个“界”又是人口迁移、商品交易、文化交流、革命战事的重要通道。伴随时间的推移，这个通道中积淀了厚重的商贸文化、红色文化、宗教文化、古迹文化等多元文化。

1. 商贸文化

龙驹集市发端于北宋，南宋时就已成规模，清代及民国中期达繁盛顶峰。集市规模大小的拓展、商品交易品种的变化与市场管理机制的调整，便是龙驹商贸文化的主要内容。

据《龙驹工商资料》记载，民国初期，龙驹场有一条长五百多米的旧式街道和一条横街，横街建于清乾隆二年（1737年），长120米，宽2.5米，由古老的平房组成。1941年，龙驹街拓宽至7米，铺成三合路面；1948年，龙驹修了50米的新街，名为永兴街；1957年，街市扩展为长约1600米，宽615米；1985年，为了适应商品生产发展的需要，龙驹政府修建了农贸市场。[②] 由此可知，龙驹集市在商业日益繁荣的情况下不断扩建街市的长度和宽度。

中华人民共和国成立前，龙驹集市贸易中，商宿业发达，肉、布、酒、糖、祭祀用品、水果、杂货等一应俱全。鄂西（湖北）的生漆、茶叶、药材、土烟、山货、皮张、木料（棺材）、五倍子，川中的锅巴盐、纸张、柑橘、糖等或是运到龙驹销售，或是通过龙驹销往外地；龙驹本土的茶叶、土烟、猪鬃、牛羊等亦远销万县、重庆、武汉一带。中华人民共和国成立后，特别是十一届三中全会后，龙驹集市形成了以百货、医药、烟草、种子等批

① 数据由龙驹镇政府提供。

② 唐锡高、梁和平、胡前锋、张大雄编《龙驹工商资料》，内部资料，1989。

发和收购以及食宿业为主的新市场。商业机构既有地、县、区、镇国有采购批发商和供销社商场、门市，又有乡镇集体商店，还有本镇个体商业户及外乡赶场摊贩等。另有河南、安徽、湖北、浙江、江苏等地乡镇企业的收购和推销人员。龙驹集市交易中商品种类的繁多与商业机构的齐全，亦是集市贸易繁盛的另一种体现。

有集市就有贸易，有贸易就需要管理。龙驹集市管理经历了四个阶段：民国时期，表现为管理松散与市场混乱；中华人民共和国成立至改革开放前，均在国家政策调控下，不断调整管理办法；改革开放至 2006 年，逐渐形成管理与服务相统一的模式；2006 年至 2016 年，旧农贸市场排危拆除，处于规范过渡时期；2017 年 9 月至今，进入规范提升阶段。

2. 红色文化

红色文化是中国共产党在马克思主义指导下，领导先进知识分子和人民群众在新民主主义革命、社会主义革命和建设以及改革开放实践中共同创造的，是具有中国特色的先进文化。它是物质文化、精神文化和制度文化的总和。物质文化包括具有重大价值的文献资料、博物馆、纪念馆、名人故居等；精神文化表现为革命先辈在革命战争年代和建设时期形成的革命精神与革命道德等；制度文化主要是党在革命、建设和改革开放新时期所形成的理论、路线、方针及政策等。[①] 虽然龙驹红色文化的制度文化缺失、物质文化湮没在历史进程的车轮下，但其精神文化依旧残存在老一辈人的记忆和为数不多的手稿中。具体来说，在共产党人彭萍、杨正南、李英才、王剑端、张月娥等同志的领导下，革命烈士成征一、高天柱、邵琼芝、陈天钰及革命志士谭国栋、向燮生等人积极参与和配合，发展并壮大了龙驹党组织，并在革命战争年代发挥了重要作用。透过龙驹人积极参与红色革命活动的历程，能感知他们强烈的爱国主义精神，多起革命斗争事件，亦能彰显龙驹人不怕艰难困苦、不怕流血牺牲、坚忍不拔、勇往直前的革命精神。

3. 宗教文化

龙驹镇的民间祠庙、寺观在清乾隆至光绪年间，得到了迅速发展。龙驹

① 马静：《红色文化教育理论与实践研究》，南开大学出版社，2015，第 33 页。

集市上较大的寺庙有城隍庙、禹王宫、关帝庙、万寿宫、东岳庙、武圣宫、福音堂、福隆寺、天主教堂、昭云寺及观音堂。《龙驹工商资料》对城隍庙、禹王宫、关帝庙及火神庙的建筑结构、规模、陈设均有详尽的记载。各村落分布着飞钟寺、中峰寺、药王庙、龙驹寺、净家庵、三仙洞、桥墩石造像、后古湾造像、鹞鹰寺、和尚岩、毛台寺、石坝土地祠等庙宇。尽管它们的原型被毁，但残存的石像或石碑仍承载着丰厚的宗教文化内涵。如今仍然存在并有一定香火的宗教场所有观音岩、观音阁、老马子岩和三王庙。宗教场所是宗教文化中“物”的呈现。

清末民初，“庙产兴学”使宗教场所参与集市运行，如商品交易、休闲娱乐、处理纠纷、举行袍哥入会仪式等。在一定程度上，宗教信仰已在无形中被置入交易活动，各寺庙的文字符号象征了对商贸行为的约束，如城隍庙中的“正在捉拿你”、禹王宫的“正大光明”等。信仰无边界，龙驹与周边乡镇进行商品交换的同时，信仰互动亦较为突出。如在宗教活动中，利川、白土等地的人们会特地到龙驹的宗教场所参与祭拜仪式，龙驹人也会组团到湖北恩施等地参加宗教活动。不论是寺庙的中经济行为，还是交易中的宗教信仰，抑或宗教活动中的互动，都是宗教文化中“精神”的折射。

4. 古迹文化

“条条古道通龙驹，座座古墓展雄风，个个寨堡显家氏”是龙驹古迹文化的精髓。龙驹地处渝鄂要道，又是两省三县的交汇之处，历史上曾是万州往来于利川、云阳等地的必经之路，在千年贸易往来中，形成了八条古道。古道的出现、发展、兴盛与衰落，既是交通运输不断进步的体现，也是龙驹社会不同时期政治、经济、社会发展的需要，更是几代龙驹人的生存记忆。

明清时期是古民居的繁荣发展时段，龙驹境内古宅古院较多，其主人多为“湖广填四川”的移民。古聚落的外形是地域建筑文化的符号化，其内涵映射的是这个地方的经济发展水平，既受经济社会发展的影响，又影响社会经济的发展。龙驹古建筑呈现了移民文化的多元性，也彰显了龙驹商贸、人口与经济的互动关系。

龙驹古墓遗存数量众多、类型多样、保存完整度较高。古墓碑反映了当时龙驹人民的生活水平、日常生活观念、手工技艺等文化传统，验证了明清时期大肆修坟建陵的社会风气，体现了山水优越的村落空间分布，呈现了家族延续的重要桥梁以及丰富多元的墓碑雕刻与装饰风格。

除了特色鲜明的商贸文化、红色文化、宗教文化和古迹文化外，还有民俗文化、非物质文化等。这些丰裕的文化均是龙驹构建特色小镇的重要文化资源。

二　龙驹特色小镇培育现状

重庆市于2016年初正式启动特色小镇培育工作，其主要做法有三：一是将特色小镇建设纳入市委、市政府的重要工作部署之中；二是建立健全工作推进机制，以重庆市新型城镇化工作联席会议为平台，市发展改革委牵头，市城乡建委等部门紧密配合，各司其职推进特色小镇的培育工作；三是制定规范性文件，指导特色小镇建设，印发了《重庆市人民政府办公厅关于培育发展特色小镇的指导意见》，明确发展定位、导向、目标、模式及重点任务。在住房和城乡建设部公布的第一批、第二批中国特色小镇名单中，重庆市共有13个，分别是万州区武陵镇、涪陵区蔺市镇、黔江区濯水镇、潼南区双江镇、铜梁区安居镇、江津区白沙镇、合川区涞滩镇、南川区大观镇、长寿区长寿湖镇、永川区朱沱镇、垫江县高安镇、酉阳县龙潭镇、大足区龙水镇。截至2016年，各镇已基本形成“各优其优，优优与共，各美其美，美美与共”的特色发展格局。

从市级层面来看，重庆市计划在“十三五”期间重点打造30个左右在全国具有一定影响力的特色小镇示范点。现已推选出50个小镇（街区）示范点作为重点建设示范点，其中不包括渝东北的万州区龙驹镇。龙驹镇于2017年进入万州区特色小镇的培育名单之列。自此，龙驹镇踏上了特色小镇创建之路。

（一）特色小镇培育的实施方案

2017年11月，龙驹镇人民政府在《关于报送龙驹镇电商特色小镇建设实施方案的报告》中，明确了特色定位、功能规划、建设目标与机制保障措施。该报告还指出，在“全面贯彻落实党的十九大精神，统筹推进新时代‘五位一体’总体布局，尊重城镇化发展规律、自然规律和市场经济规律，因地制宜、突出特色，发挥市场主体作用，创新建设理念，转变发展方式”基础之上，致力于培育特色鲜明、产业发展、绿色生态、美丽宜居的山水龙驹。

1. 特色定位

龙驹镇地处渝鄂边境，依托318国道及万利高速公路跨境贯通的便利交通、历史文化底蕴厚重、商贸物流繁盛、产业基础稳固等得天独厚的条件，欲培育为“渝东电商特色小镇”，利用龙驹“千年古镇”的历史文脉与优越的自然资源，将打造“南宋风格、三山环城、三河融汇”的“人文边城、山水龙驹”的个性形象。

2. 功能规划

龙驹特色小镇规划范围为2.1平方公里，分为核心建设区、城镇功能完善区、城镇功能拓展区等三个区域。其中，核心建设区围绕电子商务与特色产业项目布局相关服务设施，以南宋风格打造特色街区；城镇功能完善区在完善基础设施及公共服务设施的基础上，提升人居环境品质，突出以南宋建筑要素为装饰的特色风貌；城镇功能拓展区推动向家坝建设，形成南宋建筑要素与现代建筑相融合的城镇风貌。

3. 建设目标

龙驹镇力争用5年时间，即到2022年把“渝东电商特色小镇”建成。其中，2018年至2020年为近期建设期，主要任务是建设完善特色城镇的基础设施、功能配套，拓展城镇建设规模，为建设特色小镇奠定基础；2021年至2022年为中期建设期，主要任务是电商产业功能与品质的提升，凸显电商特色小镇特色。

4. 机制保障措施

加强组织领导。为加强特色小镇建设工作的领导，成立特色小镇建设工作领导小组，由镇长任组长，相关分管领导任副组长。镇政府各站、办、所、中心负责人为成员。领导小组下设办公室在镇规划建设管理环保所内，由规划建设管理环保所负责人任办公室主任。

整合政策资金。充分利用重庆市深度脱贫攻坚的历史机遇，积极主动对接帮扶市区单位部门，争取资金和政策扶持，加大招商引资力度，利用万州区两大平台等多渠道筹集资金。

狠抓工作落实。建立工作调度与跟踪监督工作推进机制，狠抓各项任务落实。切实加强调度，原则上工作党委政府一月一大调度、一周一小调度，及时协调解决工作中遇到的困难和问题。切实加强项目全方位建设监督，确保各项工程项目建设程序规范，有安全、有质量、有品质。

营造浓厚氛围。按照电视有图像、广播有声音、报纸有文字、简报有信息、街道有标语、网络有专栏等“六有”的要求，开展全方位、多领域、深层次、通俗化的宣传报道，最大限度地凝聚正能量，助推特色小镇建设。

（二）特色小镇培育的实践

1. 打造特色产业

特色产业是特色小镇发展的重要支撑，选择特色产业有六大原则和七大指标体系。六大原则是适应原则、特色原则、关联原则、创新原则、生态原则与需求原则；七大指标体系包括产业发展基础、产业关联度、技术创新性、产业特色性、产业环境影响、市场需求与外部支撑。[①] 龙驹镇在“电商特色小镇”的发展理念下，进行了一系列尝试性实践。一是大力发展生态种植产业和生态养殖产业。二是建设“农户宝”特色微企村，创建农村电子商务服务点与农村“淘宝”网店。2017年新培育发展微型企业21家，注册商标9件，发展个体户108户、农业企业3家、农民专业合作社5家、特色效益农业2家、家庭农场3家，汽车销售200余辆。[②] 三是狠抓“信用村”建设，2017年建成龙驹、灯塔、信义、团结、赶场、花坪、岭上、民义、太吉、宏福等十一个村（社区）。四是吸引“世纪华联”落户龙驹，多家灯饰建材专营店生意兴隆，促进了龙驹商贸的发展。与此同时，万州区商

① 文丹枫、朱建良、眭文娟：《特色小镇理论与案例》，第22页。

② 数据由龙驹镇政府提供。

务局以创建国家电子商务进农村示范区为契机，大力支持龙驹镇发展电子商务。具体措施有建立农村电商公共服务站、组建电商运营企业、发展农产品产业基地、打造农产品品牌、建设物流配送体系及开展电商技术培训。

2. 挖掘传统文化

文化是特色小镇的灵魂，它决定着小镇的风格。在特色小镇的培育中，应强调其地方传统文化的挖掘、整理，并将其显性化和品牌化。龙驹镇在地方文化的挖掘方面做了许多基础性工作。龙驹镇文化站的工作人员走访了所有村落，用照片和录音的方式记录了古道、古墓、古民居、传说故事、山民歌等内容，还征集了许多珍贵的手稿。通过我们团队更深入的回访、补充与验证，可感知龙驹镇厚重的历史与传统文化。具体可分为红色文化、商贸文化、古迹文化、宗教文化、文学艺术、非物质文化、民俗文化及生态文化。随着时代的进步与社会的变迁，除了狮舞、牙齿顶板凳、版画等非物质文化遗产项目仍在活态传承外，其余文化均隐于记忆、照片与文字之中。若要将他们显性化或品牌化，还需要进行精心的选择、提炼、包装与打造。

3. 拓展参与主体

特色小镇的开发主体指参与特色小镇开发建设的各方主体，从基本要素上可划分为政府和企业两大块。特色小镇建设必须坚持政府引导、企业主体与市场化运作模式，如此才能既凸显企业的主体地位，又加强政府的引导和服务保障。[①] 为此，龙驹政府在拓展企业主体方面，也做了诸多努力。一是与重庆市顺博农业开发有限公司签订了晚熟青脆李的种植协议，鼓励丛木村的李寿清（在湖北经营农贸公司）回乡发展柠檬产业。二是在临汾市成立了龙驹商会太原分会。龙驹以“政府 + 业主”为主体，以“基础设施 + 场镇 + 农村”为重点，通过政府搭台，引进有志企业来镇兴业，鼓励在外创业人士回乡创业。随后，政府还将在成都、广东等地成立商会分会，以期为在外创业的人士建立联系家乡的纽带和桥梁，为有识之士回乡创业搭建有效平台。换句话说，各地龙驹商会的成立，正是政府寻觅相关领域的企业主来参与特色小镇建设的结果。

---

① 文丹枫、朱建良、眭文娟：《特色小镇理论与案例》，第 29 页。

三　龙驹特色小镇建设的几点思考

特色小镇的建设有利于推动各地积极谋划项目，扩大有效投资，弘扬传统优秀文化；有利于集聚人才、技术、资本等高端要素，实现小空间大集聚、小平台大产业、小载体大创新；有利于推动资源整合、项目组合、产业融合，加快推进产业集聚、产业创新和产业升级，形成新的经济增长点。[①]这虽是“浙江省特色小镇总体要求”中明确提出的建设意见，但它仍是值得其他正在建、即将建或犹豫建不建的乡镇思考的话题。龙驹镇已踏上“电商特色小镇”的建设之道，其特色产业、总体规划及运营模式已有了较为明确的定位和发展方向。但根据特色小镇理论和成功经验来看，龙驹镇在特色产业、特色形态与运营模式方面还需全面深入思考、慎重践行。

（一）关于特色产业的培育

特色产业是特色小镇发展的核心，国家三部委《关于开展特色小镇培育工作中的通知》明确指出，特色小镇要有特色鲜明的产业形态，向做精、做强发展，且要充分利用“互联网+”等新兴手段，推动产业链发展思维，促进以产立镇、以产带镇；国家发展改革委《关于加快美丽特色小（城）镇建设的指导意见》中要求，坚持夯实城镇产业基础，挖掘本地最有基础、最具潜力、最能成长的“三最”特色产业，做精做强主导特色产业。基于此，特色小镇特色产业发展的前提是做好产业选择，然后以“集中突破”的产业链和“规模优势”的产业集群发展思维来培育产业。

特色产业的产业链就好似特色小镇的线形核心，其重点在于产业主体项目的培育，需做到“选得准”，重点突击，保障“立得住”“长得大”。所谓“选得准”就是要符合产业的整体发展战略，找到最适合的项目/企业种子；“立得住”就是要重点保护，保证龙头项目/企业能够在小镇扎根，做

① 林峰：《特色小镇孵化器：特色小镇全产业链全程服务解决方案》，中国旅游出版社，2017，第14页。

到本土化运营；“长得大”就是要最优化成长，能辐射带动新枝，也具备良好的可持续发展效益。[①] 例如，龙驹镇在致力于电商产业发展的同时，还可以衍生教育、生态旅游、生态产业营销、物流、地产等产业链。

“规模优势”的产业集群发展思维包括横纵联合与内外合力两方面。特色产业的规模发展优势除了自身“纵向”产业链的壮大完善外，还应“横向”完成资金、人才、科技、信息等高端要素的集聚，挖掘历史人文要素，充分体现特色小镇的创新导向，推动经济要素与人文历史要素的高度契合，融产业链与创新链于一体，构建良好的产业生态圈。内外合力，一方面，对外通过与创新网络的连接，将最新的产业创新信息、新业态、新商业模式甚至创新人才源源不断地引进来，以推动产业生态圈的实现；另一方面，对内通过协同机制推进特色产业创新战略平台的建设，不断完善特色小镇企业主体的创新合作交流机制，促进信息和成果的互通共享。通过内外合力推动产业生态系统的创新增长极。[②] 对龙驹镇的当前形势来说，引进外来资金、人才、科技、信息等高端要素至关重要。

龙驹镇的特色产业为“电商”，尽管其启动时间不长，培育时间有限，“电商”产业链和产业集群尚未形成，但政府部门一定要建构“集中突破”与“规模优势”的长远发展思维，进行总体规划与布局。

（二）关于特色形态的建构

特色小镇的“特色”还在于其独特的风格、风貌和风情。风格体现了小镇的性格和个性。风貌是小镇独特的建筑及外观，需将文化传承与生态及自然环境保持一致。小镇风貌的确定，应在遵循生态原则的基础上，以小镇的功能定位为出发点，以小镇的历史文化为导向，以小镇的地形地貌为根据，形成个性化、艺术化、传承化、文化化的景观与建筑风貌，塑造小而美的小镇形态。小镇风情以历史文化、生活方式、风俗习惯等软环境为基础，

① 林峰：《特色小镇孵化器：特色小镇全产业链全程服务解决方案》，第 66 页。
② 林峰：《特色小镇孵化器：特色小镇全产业链全程服务解决方案》，第 67 页。

结合演艺、社区活动、人际交往，成为独特的文化价值。[①] 换句话说，特色小镇的特色形态建构，实际是地方文化的符号化或显性化，最终品牌化的过程。例如，新疆吐鲁番葡萄风情小镇，以民俗和葡萄两条文化主线，打造休闲集聚中心；海南兴隆咖啡风情小镇，以梦想文化为轴线，以田园文化为基础，以咖啡文化为突破，以养生文化为目标，打造身心俱养和旅游休闲区、咖啡文化的全方位体验地以及实现梦想的心灵家园。由此可见，特色小镇的文化挖掘、甄选、梳理与内涵提炼对于特色形态的展现尤为重要。

龙驹镇有“千年商贸古镇”的美誉，随之积淀了深厚而独特的赶场文化、宗教文化、古遗迹文化等。将龙驹培育为“电商特色小镇”可以说既有对传统的接续，又有一定程度的创新。依据特色形态建构的路径，龙驹镇该以“电商”和“生态”为主线，并对商贸文化进行拓展、对生态文化进行提升，从而将“南宋风格、三山环城、三河融汇”的“人文边城、山水龙驹”具体化、个性化、艺术化和文化化。

（三）关于运营模式的选择

基于特色小镇的运营模式有三种：一是以企业为主体，政府提供服务，负责小镇的定位、规划、基础建设和审批，引进民营企业建设特色小镇；二是政企合作、联动建设，政府做好大规划，联手大企业培育大产业；三是政府建设、市场招商，政府成立国资公司，根据产业定位面向全国招商。在特色小镇的发展中，政府重在搭建平台、提供服务，市场主体发挥主要作用。就各地特色小镇的发展来看，许多知名企业参与了特色小镇的建设。从类型来看，主要是房地产开发商和产业龙头企业两股力量。[②] 例如，碧桂园于2016年8月宣布启动“科技小镇”计划，已开展三个科技小镇项目，分别是惠东科技生态城、惠州潼湖创新小镇及惠州潼湖科学城；阿里巴巴创建了云栖小镇，属浙江省首批创建的37个特色小镇之一，它以云计算为核心，以云计算、大数据和智能硬件产业为产业特色等。

---

① 林峰：《特色小镇孵化器：特色小镇全产业链全程服务解决方案》，第34页。

② 文丹枫、朱建良、眭文娟：《特色小镇理论与案例》，第54页。

龙驹镇财政较为困难，适合选取第二种模式，即政企合作，联动建设。由政府负责小镇的定位、规划、基础设施和审批服务，并通过市场化方式，引进社会资本投资建设，许诺投资方在一定时间内拥有经营权，到期后再归还政府。这一模式的优势是缓解了政府的财政压力，劣势是所有权与经营权分离，有可能导致参与企业的短视行为。故而，政府在获取优势的同时，应尽力规避劣势。

四　结语

特色小镇是互联网时代背景下的新事物，是推进新型城市化的重要载体之一。它通过"互联网+"技术，集聚产业、集中人才、集约资源、集成功能，推动城乡统筹发展的步伐，加快供给侧改革的进程，加强生态环境的保护，创造更多的就业岗位，强化社会治理的机制等。由此，特色小镇建设是一项巨大的工程，更是一个复杂的运营过程。它要满足产业、环境、空间、文化、社区五大体系与组织管理模式等基础条件①；它涉及政府、镇村经济组织、房地产商、投资商、产业基金、产业服务商、规划设计机构和小镇运营商等参与主体之间的责权问题②；它强调观念创新、产业创新、要素创新与制度创新③；它更需要强大的资金支持。由是观之，特色小镇的建设不仅需要国家、省、市、县各级政府给予政策倾斜，还需要"当事"政府有大视野、大格局思维，明确特色定位，选择特色产业，创建特色机制，更需要专业设计机构进行整体规划、创意策划与落地实现。龙驹的"电商特色小镇"才刚刚起步，可谓"任重道远"。

① 尹佳扬：《特色小镇建设前期基本问题分析》，搜狐网，http://www.sohu.com/a/152932337_561855，2017-06-29。

② 博势原创：《特色小镇建设中的参与主体责权剖析》，搜狐网，http://www.sohu.com/a/126937046_475967，2017-02-22。

③ 邓亭：《特色小镇要坚持做好四个创新》，浙江新闻网，http://zj.zjol.com.cn/nesw/220006.html，2015-12-03。

《三峡文化研究》第 15 辑
第 168～181 页

文化意蕴与理性回归

——重庆五龙村人情消费的人类学考察*

黄 惠　曹大明**

摘　要：在社会发展、人民生活水平不断提高的背景下，农村人情消费在消费方式、消费名目、消费频率以及金额上都发生了变化。农村出现许多不合理的人情消费。在这些不合理的现象中又蕴含着农民各个方面的理性考虑，并得到人类学中关于礼物交换的理论解释。泛滥的人情消费已经深刻地影响了农民生活与农村社会的建设，不论是政府还是个人，都应当为促进农村人情消费的理性回归尽自己的努力。

关键词：人情消费　礼物交换　农村

"人情"在中国乡土社会中是极为常见的一个词，是人与人联系中的一项重要内容。由人情而衍生的人情消费深刻地影响着农民的生活，同时由于人情消费具有一些特殊意义，其一直在乡村社会生活中循环生长。当前有关农村人情消费的研究较多，且在不断更新。以"人情消费"为关键词，搜索历年来发表的文献可以发现，这些文献的研究视角丰富多样，大致有三类：一是通过礼物的流动分析物的隐喻意义及其所表达的社会关系，如莫斯

* 本文为国家社科基金一般项目"乡村主体视野下武陵民族地区传统村落振兴发展研究"(18BMZ075)的阶段性研究成果。

** 黄惠，三峡大学民族学院 2019 级硕士研究生；曹大明（1978～），人类学博士，三峡大学民族学院教授，主要研究方向为历史人类学与族群关系。

《礼物》对礼物交换三阶段分析[①]、费孝通“差序格局”对人情消费基本范围探讨[②]、阎云翔对中国社会关系中送礼互惠原则及礼单中“社会地图”的研究等[③]；二是通过人情消费讨论社会心理的状况，如王凤婷从积极心理和消极心理两个方面对人情消费心理的总结[④]，胡才东认为造成农村人情消费泛滥的原因主要是攀比、盲从、占便宜三种心理因素[⑤]；三是借助人情消费研究社会人的理性与非理性，如方钰涵从经济的视角对人情消费是否符合经济理性所做的分析[⑥]、何梦兰将人情消费视为一种涉及长远利益的低风险投资的论述[⑦]。上述人情消费研究，对理解我国农村人情消费的发展态势、探讨我国农村人情消费的原因、引导我国农村人情消费回归理性等具有重要意义。本文拟以重庆五龙村为例，在借鉴前人研究的基础上，简要分析五龙村人情消费的现状，深入探讨人情消费的动机及带来的影响，并提出了一些恢复农村人情消费理性的建议，既可为我国人情消费研究提供生动个案，也有利于促进我国乡村社会的治理。

一 五龙村人情消费的现状

白土镇五龙村位于重庆市万州区东南，村中共 7 个村民小组。据 2018 年村中的统计数据，全村共 2486 多人 781 户。五龙村的农作物主要有水稻、玉米、红薯、马铃薯、大豆、油菜等，白肋烟为主要经济作物，种植面积达 480 亩左右。村中大部分年轻劳动力选择了外出务工，老人和妇女成为家庭

① 〔法〕马塞尔·莫斯：《礼物——古式社会中交换的形式与理由》，汲喆译，商务印书馆，2016。

② 费孝通：《乡土中国》，北京大学出版社，2012。

③ 阎云翔：《礼物的流动：一个中国村庄中的互惠原则与社会网络》，李放春、刘瑜译，上海人民出社，2017。

④ 王凤婷：《浙江省集体林区农村居民人情消费及其影响因素分析》，硕士学位论文，浙江农林大学，2016。

⑤ 胡才东：《农村人情消费面面观》，《中国供销商情》2006 年第 5 期。

⑥ 方钰涵：《人情消费的决策动机——非正规金融视角下人情支出的理性分析》，《时代金融》2017 年第 10 期。

⑦ 何梦兰：《基于理性选择理论的农村人情消费研究》，《市场研究》2019 年第 2 期。

主要的农业劳动力。

人情消费是存在于农村社会中的普遍现象，是村民社会生活、交往联系中的一项重要内容。随着社会的进步与发展，五龙村的人情消费正在发生变化，其具体表现如下。

（一）人情消费的名目越来越多

五龙村人情消费名目繁杂，参照阎云翔的研究，大体可分为两类：一类是公开而庄重的仪式性场合；一类是没有任何正式典礼的非仪式性情景。①

仪式性场合主要包括乔迁新居、婚礼、打三朝、满月酒、升学宴、寿宴、丧礼，会在选定的“黄道吉日”举办正式的典礼，届时亲友邻里便会带着礼物参加。宴会上设有账房，账房中有三人：一位询问前来宾客的名字及赠送小礼品；一位接收和清点及保管宾客带来的礼物；另一位则负责在“人情簿”上做记录。每年高考结束后便是一波接一波的升学宴，不论是考取了本科还是专科，许多人趁此机会大办酒席，大收人情。除此之外，还有乔迁宴，笔者观察到村中一位村民在建好新房时办了酒席庆祝，新房装修好之后再次举办酒席庆祝。这位村民靠同一件事情收了两次人情，这样的做法给他招来了不少闲话。在村中，寿宴通常是子女为年老的父母举办的一场盛大的生日宴会，这样的宴会承载着子女对父母的孝心与祝福。但有人却以为父母举办生日宴会为借口来收取礼金。更有甚者，才人到中年就为自己举办寿宴。如村中一位三十多岁的村民，在2018年正月为自己举办生日宴会，虽然他收取了不少礼金，但落下了借机敛财的坏名声。同样是在2018年正月，村里一对已婚多年的夫妻，在他们的女儿年满八岁时回到老家补办了一场简单的婚宴来收取礼金。

非仪式性情景主要包括求人办事、亲友间的日常互访、探病、拜新年、孝敬礼和压岁钱等。探病在村中是很平常的事情，或是亲属探望，或是邻里好友的探望。如笔者的叔叔于2019年3月，在工作中发生意外腿骨折，在其4月回到村中后，前来探望的亲戚好友足足围坐两桌有余。探望者带来的

① 阎云翔：《礼物的流动：一个中国村庄中的互惠原则与社会网络》，第59页。

礼物除了有一百元到两百元不等的现金外，还有野鸡、牛奶、鸡蛋等被认为对恢复身体有益的礼品。每逢春节，家家户户都带着礼物去亲戚家拜年，礼物也从简单的白糖、冰糖、挂面、白酒、豆奶等变成牛奶、食用油、现金或者微信红包等。在外工作的人们回到家乡之后，大都会带给长辈礼物以示孝敬，还会给亲戚及邻居家的小孩带去糖果。

（二）人情消费的金额越来越高

随着物价的升高、人们消费水平的提高，农村人情消费的账单越来越厚、越来越长，人情消费支出在一个家庭总消费中所占的比重也越来越大。根据收集的“人情簿”，村中一位村民，在2012年因乔迁新居举办酒席共收礼金31780元，赠送礼金的宾客共189户。其中，赠送礼金1000～2000元的有11户，赠送礼金500元的有4户，赠送礼金200～300元的有20户，赠送礼金100元的有61户，赠送礼金30～50元的有93户。同样是这位村民，在2015年举办升学宴共收礼金55810元，赠送礼金的宾客共189户。其中赠送礼金1000～3500元的共15户，赠送礼金500～600元的有7户，赠送礼金400元的有1户，赠送礼金200～300元的有37户，赠送礼金100元的有128户，赠送礼金50元的有1户。前后两次赠送礼金100元的宾客数量变化最为明显，两年之间增加了1倍多。虽然同一家举办酒席，但两次分别所收到的礼金金额差距却很大，短短两年间礼金金额上升近76%。此外，当地嫁女和迁居在礼物赠送方面有同等重要的地位，届时宾客会带着价值相当的礼物前来祝贺。笔者访问时了解到，村中另一村民在2016年因嫁女举办酒席共收礼金63045元，在2012年因迁居举办酒席共收礼金31280元，三年间礼金增长了1倍有余。农村人情消费的金额增长得又多又快，这无疑给村民带来了很大的压力。

（三）人情消费的频率越来越高

不仅人情消费的金额越来越高，人情消费的频率也越来越高。在这小小的村落中人们常常会选同一良辰吉日举办宴席，常出现一家人分成“几路人马”分开去“吃酒”。村中常办酒席，会出现这样的情况：连续几日都在

“吃酒”，一月之内多次赴宴。特别是在春节前后，常常有村民为了“吃酒”而调整或是直接取消去亲戚家拜年的活动。此外，有些村民去年办了酒席今年又办的现象时有发生，他们总会有许多“冠冕堂皇”的理由，其他村民虽然痛恨这种行为，但不得不去“消费”。面对这样的近乎“罚款单”似的被迫消费，人们只能私下里抱怨。

（四）人情消费支出占家庭消费的比重越来越大

人情消费支出在整个家庭消费中所占的比重越来越大。人情消费已经成为家庭消费中的重要支出，每年村中各种各样的人情清单、各种金额不等的人情消费往往会在年终人们总结一年来的家庭消费时被一一“控诉”。并且，随着农民消费水平的提升，物价的上涨，人情消费的金额也越来越高，因此在村民整个家庭消费中所占的比重与在家庭收入中所占的比重就越来越大。笔者在访问的过程中了解到，一位村民在2017年仅在人情上的支出就有一万多元，人情消费已经给他们家带来了不小的经济压力。

（五）人情消费的范围越来越广

农村人情消费突破血缘，进而有更多地缘、业缘与情感上的人情消费。基于种种原因，人们有意识地或者被迫去扩大人际交往圈，人情消费的范围便越来越广，因此他们所承受的人情消费礼单越来越长。如笔者母亲通过笔者的好友认识了笔者好友的姑姑，互相认识之后，两家人便一直存在人情往来。虽然这两个家庭并没有任何血缘上的关系，但因笔者与其好友之间的感情建立起人情上的联系。

（六）人情消费的方式多种多样

村中人情消费的方式有送现金、送东西、帮忙干农活。送东西分为两种情况：一是在平时的互访中送东西；二是在正式的仪式性场合送东西。并且所送东西的种类多样，其中在仪式性场合所送的有烟花、鞭炮、乐队表演、锣鼓队表演、舞狮队表演等。此外，还会依据不同类型的仪式性场合赠送不同的东西。如在婚宴中会送被子、家具、家电，为新娘送衣服、鞋子等；在小孩的满月酒上会送小孩的衣服、鞋子、帽子以及婴儿车、婴儿床等。帮忙干农活主要是在农忙时，一般都是在栽秧苗与收割稻谷的时候。

二　五龙村人情消费蕴含的动机和文化意涵

在人际关系相互交织的农村社会中，农民依据彼此在以自身为中心建立的关系网络中的远近位置而进行不同形式、不同价值的人情消费。这些各种各样的人情消费中蕴含着农民不同的动机和文化意涵。

（一）传统观念“礼”的儒家思想

儒家思想是统治了中国千年的正统思想，对中国历史文明的发展产生了十分深远的影响，直至今日，儒家思想中的许多内容仍旧扎根于中国人的心中。“礼”是儒家思想中非常重要的内容，是指独立于人的情感之外的社会规范与礼仪制度。儒家思想强调，“礼”出于“情”且“礼”应该有“情”的支撑。另外，“以礼制情”又是儒家思想的一个重要方面。[①] 因此“来而不往非礼也”“礼尚往来”的传统儒家思想要求人们在人际交往中“以礼相待”，这是出于“情”的需要。在传统文化保存较好的农村社会中，村民的人情消费观念中饱含“礼”的思想，抛开外在的压力，他们仍然会自发、自觉地选择人情消费，农民的送礼行为是对心中“礼”的实践。

（二）面子观念

人情消费之中，面子观念是一重要的影响因素。莫斯曾在《礼物》中

① 马媛媛：《早期儒家“礼”“情”关系下的“以色喻于礼”思想》，《广西社会科学》2017年第10期，第106～107页。

提到“夸富宴”，认为这是一种“竞技式的总体呈献”[①]，人们为了赢得声望与社会地位，不惜牺牲积攒下来的一切财富，这是几近疯狂的。在中国农村社会中也有人为追求面子而积极参加礼物交换的博弈。中国传统社会是典型的“低头不见抬头见”的“熟人社会”。在这样一个熟人社会中，面子便成为农民进行人情消费的一大动机。笔者在对五龙村村民访问的过程中发现，面子观念是影响村民进行人情消费的一大动机。有的村民甚至谈到因为没有在对方举办酒席时前去祝贺，在大街上遇见会不好意思问候，便装作没有看见对方来避免让自己羞愧。“好面子”的人还会攀比炫耀，通过大摆宴席、大送人情来满足自己的虚荣心。

（三）“报”的思想

“报”的思想早早地便存在于中国的传统文化之中，古有“滴水之恩当涌泉相报”“救命之恩当以身相许”等说法，说明“报”对于中国人来说是十分重要的。在人情消费的过程中，“报”是作为礼物交换三阶段中的一个重要阶段。回礼之时的讲究在不同的情形之下不同。回礼价值大小的选择会因人情消费的类型有所不同，在日常亲友互访中便不适宜回赠价值相等的礼物，这样做往往会被视为失礼，此时应该回赠价值略高的礼物。在一些比较“远”的关系之中，回礼往往会是价值相等的。如2018年笔者父亲在工作中受伤，一位邻居便带着100元前来看望，在此之前，笔者的母亲也曾在这位邻居生病之时，带着100元前去看望，彼此之间的人情往来是价值相等的，前者的价值决定了后者的价值，此时后者的赠礼行为更多的是出于对前者送礼的回报。

（四）维持与拓展关系网

阎云翔基于下岬村的研究提出礼物交换具有功能性，“义务性的送礼受

① 〔法〕马塞尔·莫斯：《礼物——古式社会中交换的形式与理由》，第12页。

礼为村民提供了一种培养、维持和扩展其关系网络的基本方式”[①]。因为需求，人们会寻找一个契机来建立新的人际关系，人情消费便是一个很好的选择。只要一方开始赠送礼物，另一方便会找寻机会回赠礼物，如此一来，你来我往，彼此间礼物交换的循环便形成，这个循环能够很好地维持彼此的关系。从彼此之间的人情往来便可以看出关系的深浅，人情往来的多少反映着彼此之间关系的亲密程度。

此外，人情消费还能让熟人之间的关系更加密切。笔者家庭与B家庭多年来一直保持着较好的关系，虽然两个家庭之间并没有任何血缘关系与姻亲关系，仅仅因为两个家庭间纯粹的友谊。B家庭和笔者家庭原在同一个村组，多年前B家庭搬到场镇上，两个家庭之间的距离变远了，可即使如此，也并没有阻碍两个家庭的交往，我们常常会带着礼物到对方家去拜访、聚会。当一方家庭举办酒席时，对方家庭送的礼物远远高于村中的其他人，这在特殊的时刻表明了对方家庭在自己心目中的地位与重要性。在这样一次次的送礼与回礼之中，两个家庭的关系得到了进一步的发展。相反，若是两个家庭之间的关系恶化，即使是至亲，也会中断人情往来。如笔者家与笔者的一位亲叔叔家便是因为二十年前发生了矛盾，未能调和，一直没有任何形式的人情往来。

三　五龙村人情消费的影响

与农民生活密切相关的人情消费在农民生活中的影响越来越大。人情消费就像是一把双刃剑，在它发挥作用之时，既给农民带来了消极影响，也带来了积极影响。

（一）消极影响

1. 过度的人情消费加重了人们的经济负担与精神负担

在农村，每年都有很多人情消费，并且人情消费金额不断增长，使人们

① 阎云翔：《礼物的流动：一个中国村庄中的互惠原则与社会网络》，第96页。

负有一定的经济压力与精神压力。

2. 过度的人情消费污染农村社会风气

人情消费泛滥前，农村社会民风淳朴、人们勤俭节约。在人们的收入与消费水平相对提高的背景下，人们的生活习惯、人情消费观等也在发生变化。各种酒席的大操大办，实则是一场场资源浪费的“盛宴”。农村的流水席通常会举办数日，浪费极为严重。此外，各种酒席的“看日子”，即挑选“黄道吉日”，以及近些年酒席越来越喜欢使用一次性碗筷等，都给社会带来了不好的影响，污染了农村社会原本清新干净的环境，同时也助长了陋习。

3. 过度的人情消费影响农民的正常农事活动

频繁的人情盛宴，使忙于农事耕种的村民不得不抽出时间前去参加郑重的交换仪式。常见有人嘴边满是埋怨却又穿着新衣积极奔走于各种仪式性场合之间。再者，村中的流水席一连几日，举办酒席的主人家也会因为多日的准备与操持而耽误许多农事活动。可即便是这样，也有很多人“乐在其中”。

4. 过度的人情消费加快农民分化

越来越多饱含利益的人情消费对村中每个家庭都有一定程度的影响，人与人之间的关系变得微妙，易变化。过多的经济计算和工具性送礼，使农民之间的情感联系变得愈发脆弱。因为甲此次办酒席乙未到甲家去“消费”，下次乙办酒席时甲也不去，如此这般，本就不太亲密的甲乙之间的人情消费联系便会中断，甚至可能彼此在人情上从此不再往来，久而久之，甲乙之间的感情联系就会变得淡薄。

（二）积极影响

1. 人情消费能强化熟人之间的信任

正如儒家思想中关于“礼”由“情”而来的表述，礼物承载着赠礼人的感情与祝福。熟人之间的随礼更能增强彼此之间的情感联系，通过礼物，赠礼者与受礼者感受到彼此的情谊，感情得到加深，能从对方那里获得更多的信任感。互为熟人关系的两者之间的礼来礼往不仅能够维持双方原有的人际关系，还能使双方的关系变得更好。

2. 人情消费能建立新的人际关系

新的人情消费，往往能建立人与人之间或两个家庭之间的联系，在今后更多的人情往来中联系得到加强，双方建立起较为稳定牢固的关系。农村社区中频繁的人情消费使整个社区中人与人之间的联系更加密切，“亲上加亲”的思想也使村子里的人们与其亲戚的亲戚或朋友之间联系加强，整个农村社区的人情消费圈变大，社区关系网也变得复杂、紧密与宽广。人情消费能较好地维持整个农村社区的社区关系网。

3. 人情消费能加强信息沟通

礼物交换的过程伴随着交流与沟通，是一个信息分享、资源交换的大好机会。逢年过节，从不同城市回来的亲戚朋友聚集在一起，彼此询问近况、交流新鲜事，讲述在其他城市的一切事物，相互了解各地的风俗习惯、物价房价、医疗情况、教育情况等。尽管这些信息零碎不全，但是在一定程度上促进了村民对这个快速发展的世界的了解。除此之外，他们在闲暇的节日时光里一起玩耍、谈心、互相表达感情，加强联系。

4. 人情消费能帮助解决一定的实际问题

人情消费在一定程度上具有融资的功能，有时能带来一大笔资金以解决燃眉之急。这种功能对于急需资金的人来说如同及时雨。纵然办酒席也需要不少的开销，但是通过举办酒席可以获得远比这场人情盛宴“成本”多得多的礼物。

四　五龙村人情消费中的理性及其回归

（一）五龙村人情消费中的理性

人情消费虽然如同一个旋涡吸引着人们不断地参与其中，并且人情消费金额增加，人情消费的频率升高，人情消费范围扩大，但是这些人情消费之中也包含着农民的某些理性思考。

1. 熟人社会下的道德要求

中国社会是一个典型的乡土社会，在这个乡土社会中，成员之间的交往依靠的更多的是人情，有别于西方社会的契约关系。费孝通先生笔下的中国乡土社会中有一个庞大的且具有同心圆性质的亲属圈，它以个人为中心，每一个成员分别处在亲属圈中的不同位置。[①] 在这样一个由熟人组成的社会中，农民会依据对方在自己的亲属圈中所处的远近位置来进行不同形式与不同价值的人情消费。除此依据外，熟人社会中还有许多隐晦的、彼此都懂得的道德要求与社会规范，这些要求和规范使许多农民不得不参与其中，像是隐藏在土地之下的责任与义务。

2. 农村社会中的礼俗传统

中国社会是一个十分注重传统的社会。如许多家庭都能形成自己独特的家风家训，良好的家风家训能够作为一个家族的珍贵财富流传于后世，其后世也能对优良传统加以继承并发扬光大。对于传统的重视不仅仅表现在个别家庭，还表现在整个乡土社会。农村社会往往更加注重传统的延续，对于早就存在于农村社会中的礼俗传统，许多农民已将其发展为泛滥的人情消费。人情消费的膨胀既基于农民对于传统的误解，也基于传统带来的惯性。礼俗传统常常使人屈从于群体压力，在强烈的压力之下，即便农民有诸多不愿或其他的想法，也会被消灭殆尽。

3. 人情消费中的经济考虑

礼物在人情消费中扮演着不可替代的角色，礼物价值的大小直接反映出彼此之间的亲疏关系或者利益关系。一般而言，送礼与回礼是价值相当的，这是农民在对其今后能够从对方那里获得的礼物价值加以“计算”而做出的决定。虽然礼物交换中包含了许多情感因素，但也包含着农民较为理性的经济计算。在人情消费中农民会考虑对方还会举办几次酒席，自己又会举办几次酒席，这与每个家庭中的子女数量、老人数量都有极大的关系。此外，人情消费具有“融资”的功能，正如萨林斯认为莫斯礼物中的“豪”是一

① 费孝通：《乡土中国》，第4～42页。

种利润、是物质生产力①，被赠送的礼物能够生产出新的经济价值服务于受礼者，同时也为赠礼者创造利润，可视为一种赠礼者所做的长期低风险投资。

4. 归属与认同的情感需要

人情消费就像一根隐形的纽带，在人们的日常生活中扮演着维系人际关系网络的角色。对于农村社会中的每个成员而言，这根纽带是与社会建立联系的最佳媒介，人们都能以此联系彼此之间的情义。人们不断通过人情消费建立联系的过程，也是一张张由人情纽带连接的情感网的形成过程，在此过程中人们的情感需要得到满足。在被编织成功的情感网中，人们能很快找到“差序格局”中自己所属的同心圆，以及在这个同心圆中所处的点。找到这个同心圆便是找到了属于自己的人情消费圈，找到这个点便更加清楚了自己在整个农村社会关系网络中所处的位置，最终还能找到一种作为该农村社会成员的归属感与认同感。

（二）五龙村人情消费的理性回归

泛滥的人情消费给农民的日常生活带来了很多的消极影响，为了改变这一现象，五龙村当地镇政府于2018年7月20日发出了关于治理泛滥的人情消费的通告，时至2019年9月得到较为明显的改善。虽已小有成效但仍然不能松懈，引导农村人情消费回归理性不是仅靠当地政府部门就能解决的，而是一项需要多方力量共同努力的工作。

1. 政府层面的努力

政府要重视加强对农村人情消费的引导和约束。对违规酒席进行明确的界定。应规定除婚丧嫁娶外，借机敛财的酒席均为违规酒席，主要包括满月酒、升学酒、生日酒、乔迁酒、开业酒、征兵酒等各种名目的酒席。此外，还需对礼金进行限额规定，减轻农民经济上的压力。

加强农村社会的精神文明建设，遏制大操大办的酒席，修正农民人

① 刘斐丽：《对话马克思：两条明暗交织的线索——读萨林斯〈石器时代经济学〉》，《社会发展研究》2017年第3期，第226页。

情消费中带有负能量的面子观念、攀比炫耀心理、功利主义意识。积极在村中开展相关教育活动，倡导勤俭节约、爱护环境、朴实无华的生活理念，帮助农民树立与新时代相适应的人情消费观念，帮助人们找回农耕社会中淳朴的社会风气。与民间乐队、舞狮队、锣鼓队以及流动宴席服务队等谈话交流，呼吁整个社区成员积极投身于社会主义新农村建设。

成立监督管理小组。在各个村组中挑选有声望且公正无私的人组成监督管理小组，核查村中每一场酒席的真实名目，如实上报违规酒席。监督管理小组应一视同仁，对村干部及党员也要做好监督工作，令其发挥带头作用，不大操大办进行人情消费。

2. 学校开展相关教育

在农村社区中开展相关教育活动的同时，村中的小学和中学也应当响应号召，对学生开展相关知识的教育活动，良好的品德从小开始培养，让学生从学堂上带到生活中，树立科学合理的消费观，让小一辈去影响自己的长辈，从而更加有效地改变不合理、不科学的人情消费观。

3. 农村社区成员的努力

作为农村社区中的一员，每个人都有义务去改变这样一种不适宜的人情消费观念和不利于整个农村社区建设的氛围。村中的每一个家庭都应该自主树立科学的人情消费观，父母应该以身作则教育好子女，让子女从小养成良好的品德，继承中华民族的优良传统，爱国、爱家、爱社区，培养艰苦奋斗、自强不息、勤劳朴实的精神。

五　结论

五龙村的人情消费呈现出诸如名目繁多、礼金攀升、频率提高等异化现象，过度的人情消费已经给农民带来了精神与经济上的双重压力，村中的人文环境与生态环境也在一定程度上受到了“伤害”。虽然该村人情消费变得泛滥，但它仍旧能帮助村民获得积极的社会支持、解决一些实际问题。同时，那些看似发挥着消极作用的不合理的人情消费中也蕴含着农民各个方面的理性思考，人们企图在人情消费中获得某种利益，这是作为“经济人”的需要，诸如道德与礼俗传统的要求、出于经济利益的考虑等。人情消费泛滥，村民也承受着人情消费所带来的压力，但人们却始终循环着彼此之间的人情往来，其中不仅有利益的考量，还有道德的约束与情感的驱使。在泛滥的人情消费给农村社区带来诸多阻碍其发展的负面影响的情况下，引导农村人情消费理性回归是一项需要相关部门与社区成员共同努力的工作。以整体性的观念来看，农村人情消费的理性回归不仅关系到人情消费本身趋于合理化，更是对建设社会主义新农村和实现乡村振兴目标的具体实践。

稿　约

《三峡文化研究》系湖北省人文社会科学重点研究基地三峡文化与经济社会发展研究中心、湖北省三峡文化研究会主办的学术集刊。2001 年创办，自 2019 年起，由社会科学文献出版社出版，一年一刊。

本刊主要刊载三峡历史文化与社会经济的相关学术成果，奉行开放性编辑方针，专题论文、问题争鸣、学术综述、书介书评、读史札记均受欢迎，字数不限，选取稿件坚持“英雄不问出处，唯在学术建树”的原则，实行专家匿名审稿制度，不收取任何费用，优稿优酬。为了进一步提升本刊水准，热诚欢迎海内外专家、学者赐稿。

本刊注重实证，提倡探索，来稿请严格遵守学术诚信，应是未在其他刊物发表的原稿，按照学术论文要求撰写，文风朴实、论从史出、观点新颖、逻辑严密、引文准确、注释规范。同时，稿件请注明篇名、作者姓名、所属机构、职称、通信地址、电话、电子邮件等联络资料。本刊注释一律采取脚注形式，每页单独排序，标为①②③……

来稿文责由作者自负，请通过电子邮件，以附件形式提供 Word 文本稿件。投稿邮箱：SXWHYJ@ 126. com。

由于人力所限，对于来稿不能一一回复。作者自投稿之日起 45 个工作日内未接到录用通知者，请自行处理。我们对决定采用的稿件，有权进行修改、删节。

根据著作权法规定，凡向我们投稿者皆被认定遵守上述约定。

三峡文化与经济社会发展研究中心

湖北省三峡文化研究会

《三峡文化研究》编辑部

2019 年 10 月

图书在版编目（CIP）数据

三峡文化研究．第15辑／三峡文化与经济社会发展研究中心，湖北省三峡文化研究会主办．--北京：社会科学文献出版社，2020.12

ISBN 978-7-5201-7701-6

Ⅰ.①三… Ⅱ.①三… ②湖… Ⅲ.①三峡-文化-研究 Ⅳ.①K297.19

中国版本图书馆CIP数据核字（2020）第249020号

三峡文化研究 第15辑

主　　办／三峡文化与经济社会发展研究中心
湖北省三峡文化研究会
主　　编／王祖龙　曹大明

出 版 人／王利民
责任编辑／刘同辉
文稿编辑／刘　燕

出　　版／社会科学文献出版社（010）59366556
地址：北京市北三环中路甲29号院华龙大厦　邮编：100029
网址：www.ssap.com.cn
发　　行／市场营销中心（010）59367081　59367083
印　　装／三河市尚艺印装有限公司

规　　格／开　本：787mm×1092mm　1/16
印　张：11.75　字　数：185千字
版　　次／2020年12月第1版　2020年12月第1次印刷
书　　号／ISBN 978-7-5201-7701-6
定　　价／78.00元